| ESO |

Música II

proyecto
aula 360º

Autores
Amaya Sara García Pérez
Álvaro Málaga Gil
Francisco Javier Calzada García
Raquel Gil de Pareja Palmero

Revisión técnica
Vicent Part Julio

El 0,7% de la venta de este libro se destina al proyecto «Mejora del acceso a la Educación Secundaria de calidad en Koumrá» que cofinancia la ONGD SED (Solidaridad, Educación, Desarrollo) como apoyo a procesos de desarrollo local en Chad.

EDELVIVES

CÓMO SE USA ESTE LIBRO

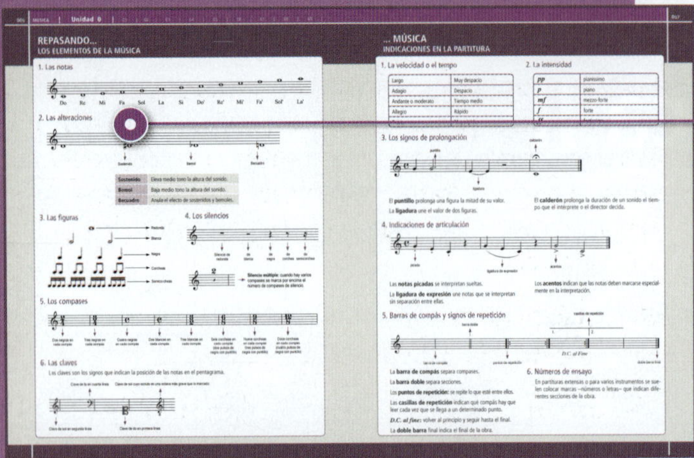

UNIDAD 0

En la Unidad 0, **«Repasando música»**, podrás repasar los conceptos básicos de lenguaje musical que has estudiado en cursos anteriores, para enfrentarte con mayor seguridad a los de este nuevo Curso.

PRESENTACIÓN DE LA UNIDAD

Cada unidad didáctica comienza con una introducción que pretende despertar tu interés sobre los contenidos que se van a tratar.

Para ello se utilizan imágenes, textos y audiciones interrelacionados y de gran atractivo cultural y musical.

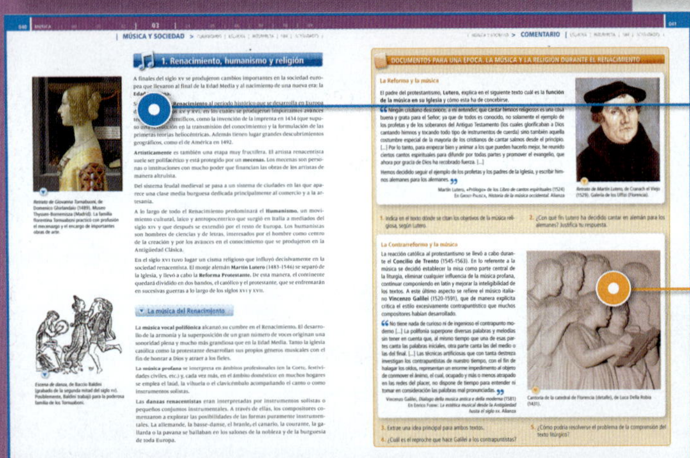

MÚSICA Y SOCIEDAD

En esta sección, la primera página sitúa la música en el **contexto histórico** de su época, para recorrer a lo largo del libro su evolución cronológica.

La visión global de cada periodo se completa con el apartado **«Documentos para una época»**. Se trata de textos originales cuyo objetivo es su análisis y comentario. Nos acercan a la visión que se tenía de la música en cada momento histórico, y se plantean unas actividades para facilitar su comprensión.

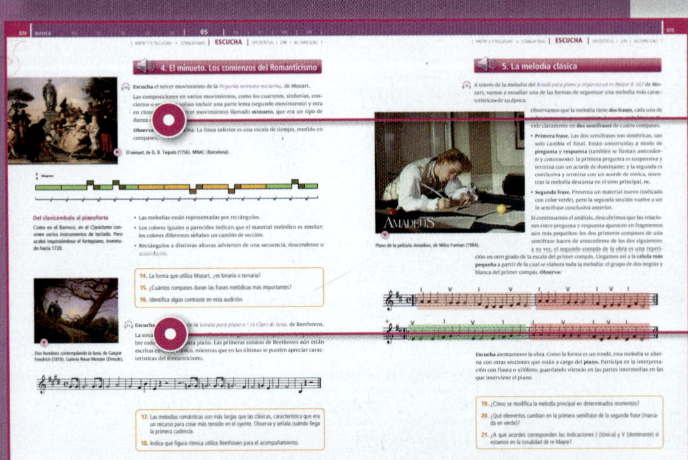

ESCUCHA

En estas páginas se hace un acercamiento a la música de la época mediante la propuesta de diversas **audiciones activas.**

Con dos iconos diferentes, uno en color morado que corresponde al CD de audiciones del alumno, y otro en tono gris, correspondiente al CD del docente, se propone la **escucha** de audiciones, fragmentos, arreglos, acompañamientos, etc. Estas audiciones se acompañan de partituras y actividades que permiten reflexionar, analizar y aprender a disfrutar de la música de cada momento.

15 CD del alumno. 21 CD del profesor.

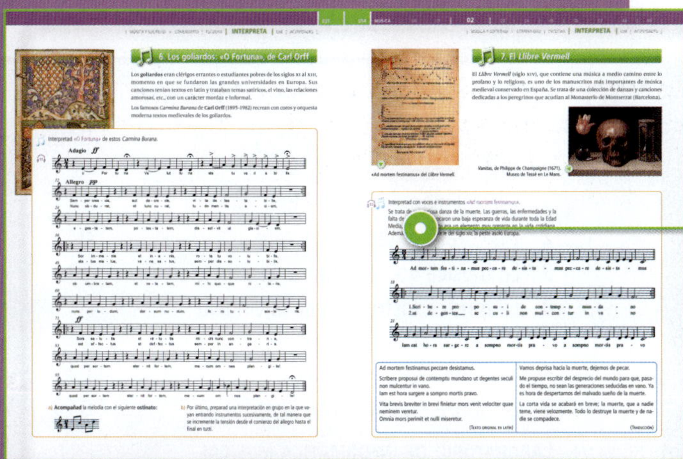

INTERPRETA

Estas páginas están dedicadas a propuestas de **práctica musical;** en ellas, numerosas partituras, musicogramas, etc. permiten realizar interpretaciones vocales, instrumentales y de danza, así como crear tus propias obras o participar en grupo con tus compañeros, todo ello para acercarte a la música de cada época y comprobar su relación con la actual.

El nivel de dificultad de cada pieza se indica con uno, dos o tres puntos sobre el icono de corcheas.

Fácil interpretación Dificultad media Difícil interpretación

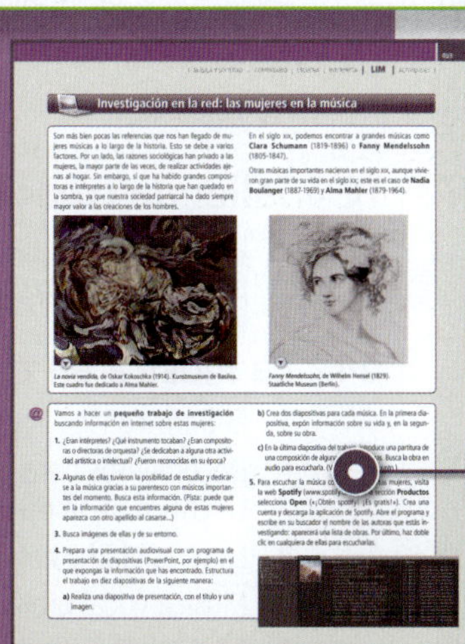

LABORATORIO DE INFORMÁTICA MUSICAL

«Laboratorio de Informática Musical», que llamaremos **LIM,** nos muestra una panorámica de las posibilidades que ofrecen las tecnologías de la información y la comunicación en la práctica musical.

Las propuestas que te proponemos son sencillas, con programas de edición de partituras, presentaciones multimedia, trabajos breves de investigación con búsqueda y análisis de datos, etcétera.

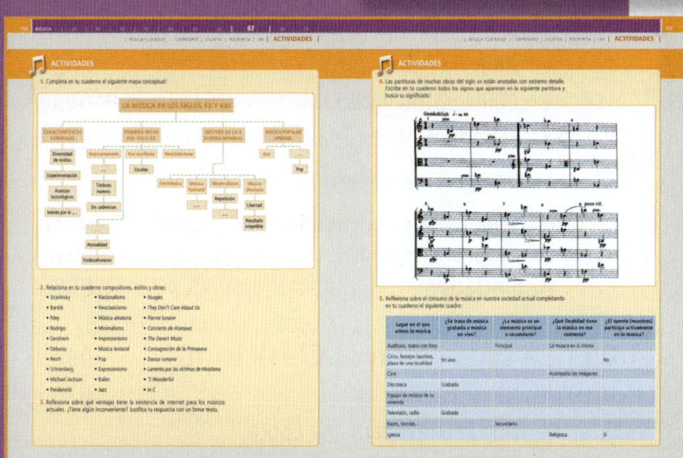

ACTIVIDADES

La unidad finaliza con un mapa conceptual que te permitirá repasar y organizar los contenidos esenciales, y una serie de actividades con propuestas de trabajo para comprobar el aprendizaje musical realizado.

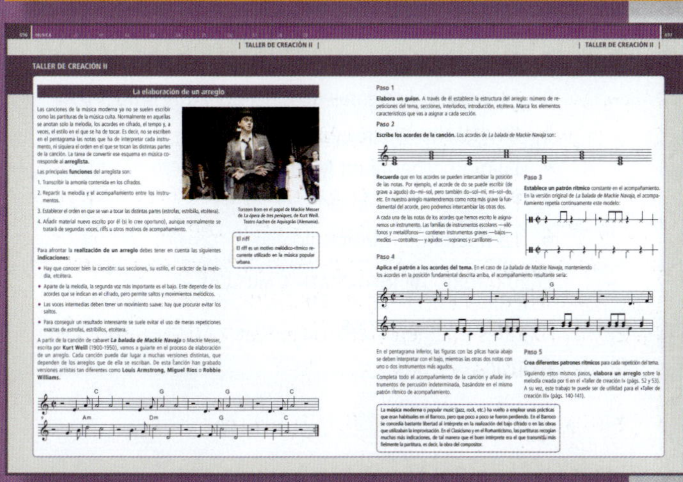

TALLER DE CREACIÓN

Al final de cada trimestre, los talleres de creación ofrecen una propuesta de creación colectiva para poner en práctica un proyecto monográfico.

En nuestro caso trabajaremos la composición de melodías para una danza, la elaboración de un arreglo y la producción de un musical.

ANEXO

El libro finaliza con un anexo que ofrece sencillos contenidos sobre la práctica de la flauta y de la guitarra.

ÍNDICE

REPASANDO...
LOS ELEMENTOS DE LA MÚSICA

1. Las notas

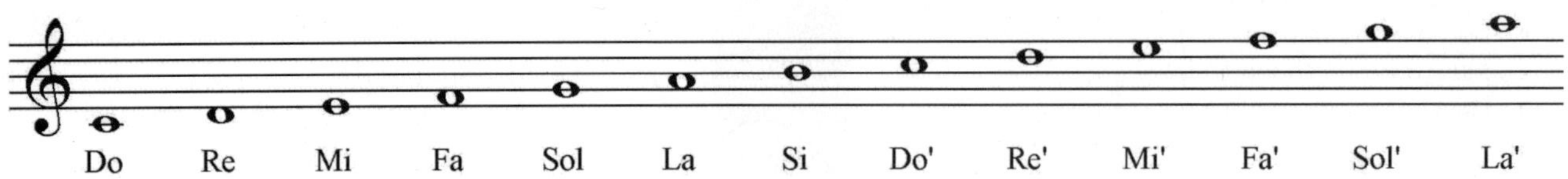

2. Las alteraciones

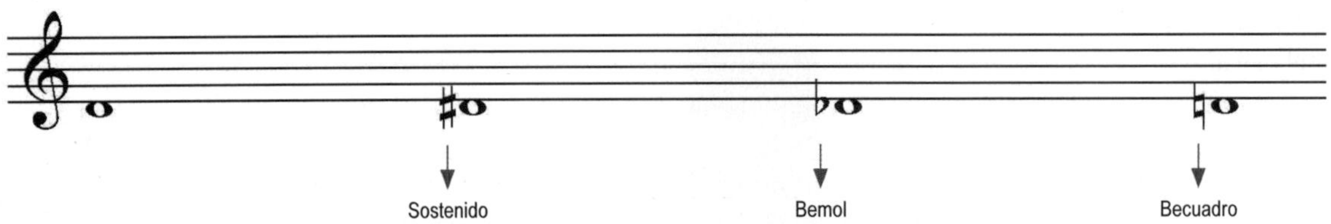

Sostenido	Eleva medio tono la altura del sonido.
Bemol	Baja medio tono la altura del sonido.
Becuadro	Anula el efecto de sostenidos y bemoles.

3. Las figuras

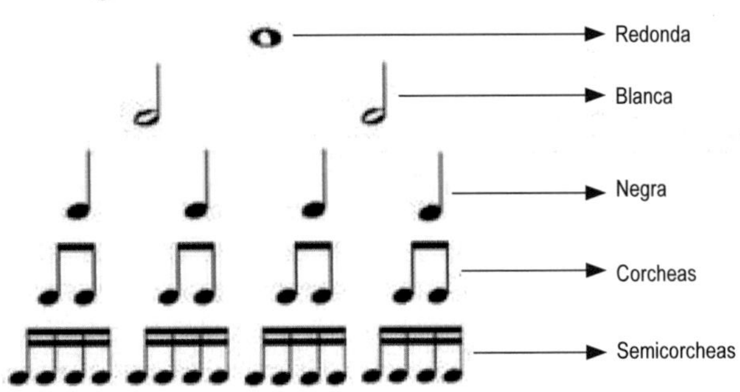

4. Los silencios

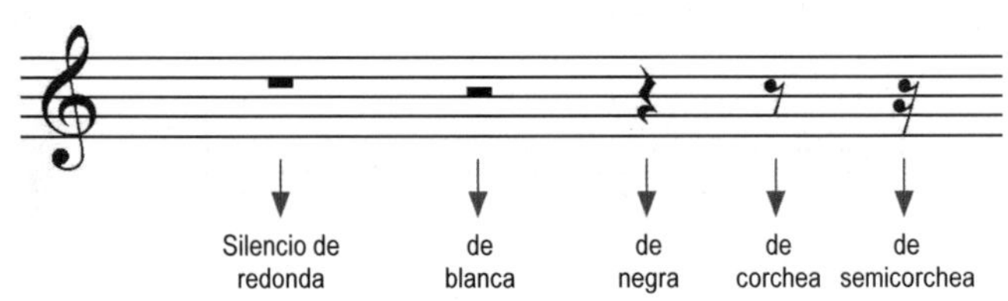

Silencio múltiple: cuando hay varios compases se marca por encima el número de compases de silencio.

5. Los compases

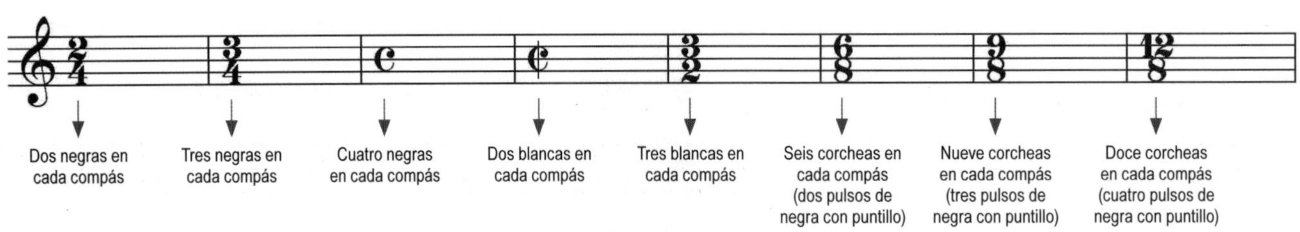

6. Las claves

Las claves son los signos que indican la posición de las notas en el pentagrama.

... MÚSICA
INDICACIONES EN LA PARTITURA

1. La velocidad o el tempo

Largo	Muy despacio
Adagio	Despacio
Andante o moderato	Tiempo medio
Allegro	Rápido
Presto	Muy rápido

2. La intensidad

pp	pianissimo
p	piano
mf	mezzo-forte
f	forte
ff	fortissimo

3. Los signos de prolongación

El **puntillo** prolonga una figura la mitad de su valor.

La **ligadura** une el valor de dos figuras.

El **calderón** prolonga la duración de un sonido el tiempo que el intérprete o el director decida.

4. Indicaciones de articulación

Las **notas picadas** se interpretan sueltas.

La **ligadura de expresión** une notas que se interpretan sin separación entre ellas.

Los **acentos** indican que las notas deben marcarse especialmente en la interpretación.

5. Barras de compás y signos de repetición

La **barra de compás** separa compases.

La **barra doble** separa secciones.

Los **puntos de repetición:** se repite lo que esté entre ellos.

Las **casillas de repetición** indican qué compás hay que leer cada vez que se llega a un determinado punto.

***D.C. al fine*:** volver al principio y seguir hasta el final.

La **doble barra** final indica el final de la obra.

6. Números de ensayo

En partituras extensas o para varios instrumentos se suelen colocar marcas –números o letras– que indican diferentes secciones de la obra.

REPASANDO...
LA TONALIDAD, LAS ESCALAS Y LOS ACORDES

1. Tonalidad

La tonalidad es un sistema de ordenación de la música en escalas mayores y menores en las que adquieren mayor importancia dos notas o grados: el primero o **tónica** y el quinto o **dominante.**

La mayor parte de la música occidental desde el Barroco está basada en este sistema, llamado **sistema tonal.**

2. Escalas Mayor y menor

- La **escala Mayor** tiene la siguiente sucesión de tonos y semitonos:

Escala de Do Mayor

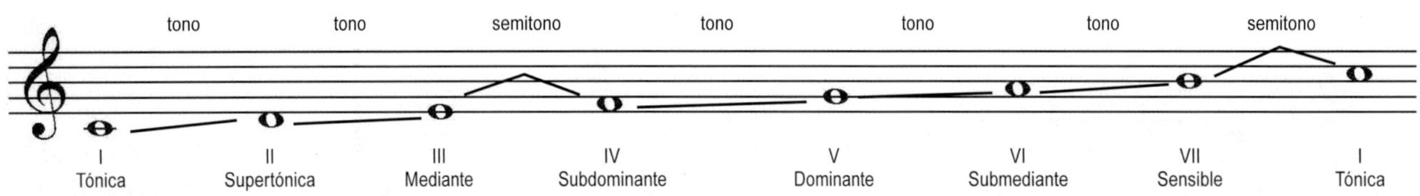

- La **escala menor** tiene una serie diferente de tonos y semitonos:

Escala de La menor

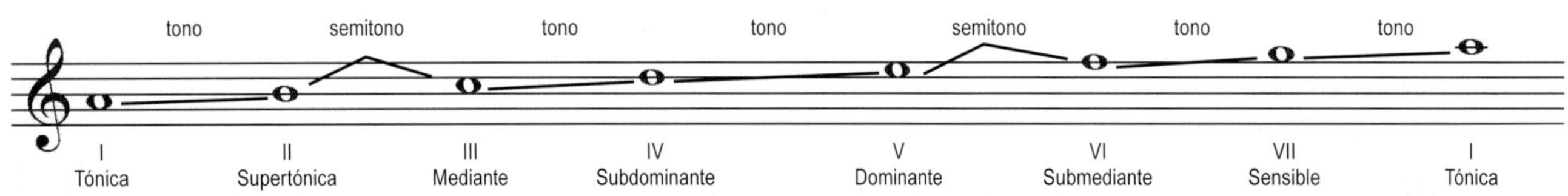

3. Las tonalidades y sus armaduras

La **armadura** es el conjunto de sostenidos o bemoles que se colocan al principio del pentagrama. Estos sostenidos y bemoles definen la tonalidad en la que está la obra.

Cada armadura corresponde a dos tonalidades, una Mayor y una menor.

4. Acordes

En su forma más común, los acordes son conjuntos de tres sonidos simultáneos ordenados por terceras. Reciben el nombre de la nota más grave. Los más habituales son los mayores y los menores.

Los acordes mayores contienen, de abajo a arriba, una tercera mayor (dos tonos) y una tercera menor (un tono y medio).

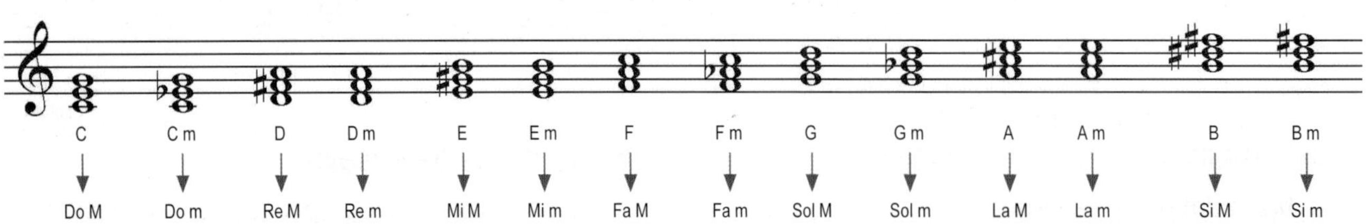

5. Cadencias

Las cadencias son reposo en la música marcado por la melodía, por la armonía o por ambas. Se habla de **cadencia perfecta** cuando se suceden un acorde de dominante y uno de tónica.

Una **semicadencia** concluye en un acorde de dominante. Una **cadencia plagal** contiene la sucesión subdominante-tónica.

... MÚSICA
LA TEXTURA. LA ESCALA EN EL PIANO. GLOSARIO

1. Textura

La textura es la manera en la que se relacionan entre sí las diferentes líneas melódicas o acordes que componen una pieza musical. Puede ser **monofónica** o **monódica,** con una sola melodía, o **polifónica,** con varias melodías. En este último caso hay varios tipos:

a. **Contrapuntística.** Textura polifónica musical en la que las voces son independientes unas de otras, se van entrelazando y utilizan la técnica de la imitación.

b. **Homofónica.** Textura polifónica musical en la que las diferentes voces se mueven todas simultáneamente con el mismo ritmo.

c. **De melodía acompañada.** Textura musical en la que una voz preponderante, que va haciendo una melodía, es acompañada por acordes.

Por otro lado, existe la textura **heterofónica,** en la que las diversas voces siguen todas una misma línea melódica, pero con variaciones. Es muy utilizada por las músicas tradicionales no occidentales.

2. La escala en el piano

Observa en el teclado de piano la correspondencia entre la posición de las notas en el pentagrama. Te puede ayudar a definir el intervalo y la distancia en tonos y semitonos que hay entre las notas. Comprueba cómo entre las notas mi – fa y si – do la distancia es de un semitono.

También puedes ver las equivalencias entre el nombre de las notas que se emplea en España (y otros países) y el sistema alfabético, que encontrarás en este libro, por ejemplo, para indicar los acordes.

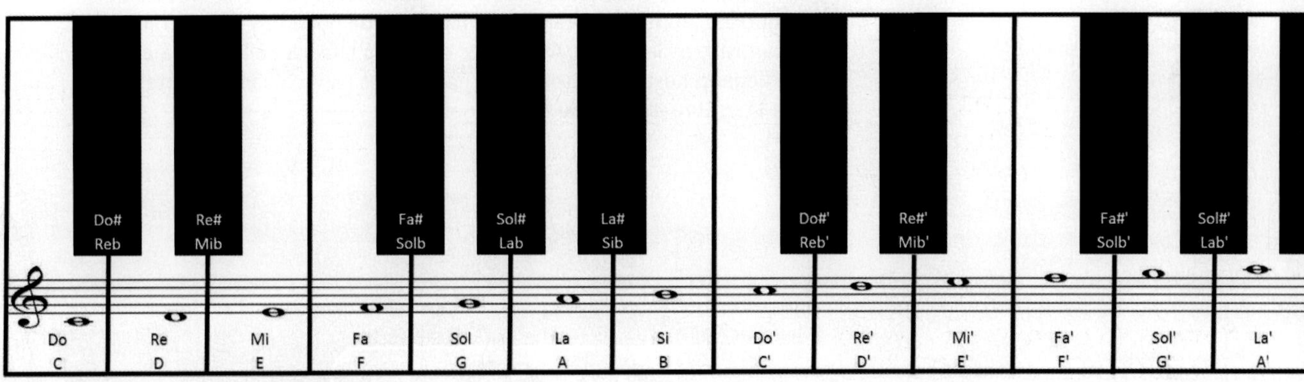

3. Glosario

Ámbito: Distancia entre la nota más grave y más aguda de una melodía, una obra o un instrumento musical.

Anacrusa: Una o varias notas que se encuentran antes de la primera barra de compás y por tanto, antes del primer acento de la obra.

Armonía: 1. En su acepción general, significa orden, equilibrio. **2.** Aplicado a la música, en la Grecia clásica el término aludía a la correcta disposición de los sonidos musicales. **3.** Hoy en día, se refiere a la ciencia que estudia los acordes.

Arreglo: Una versión específica de una obra, en la que se adapta para un determinado grupo instrumental una melodía y su armonía.

Bordón: (También bajo) **1.** En una obra musical, una nota larga y mantenida, a menudo en registro grave. **2.** Instrumentos o partes de un instrumento que ejecutan este tipo de notas (ej. Algunos tubos de la gaita).

Cromatismo: 1. Uso frecuente en una obra o en una melodía de alteraciones que no son de la tonalidad principal. **2.** En general, uso reiterado de intervalos de semitono en una melodía.

Frase: Fragmento musical con sentido. Engloba melodía y ritmo, y frecuentemente también armonía. Suele estar marcada por un final estable producido por una cadencia.

Intervalo: La distancia que existe entre dos notas.

Motivo: La más breve idea melódica con significado propio, también llamada célula.

Ostinato: Fragmento musical breve que se repite constantemente a lo largo de una obra o sección.

Síncopa: Una alteración de la sucesión regular de partes fuertes y débiles. Se puede realizar de varias formas; por ejemplo, situando un sonido largo entre dos más cortos o ligando una figura en parte débil a la siguiente en parte fuerte.

LA MÚSICA EN LA GRECIA CLÁSICA

LO QUE PERMANECE ES MÚSICA...

La música ha estado presente en la vida del hombre desde la más remota antigüedad. Ya los hombres del Paleolítico hacían música a través del canto y de la percusión, e incluso construían instrumentos sencillos como tambores o flautas. En el Antiguo Egipto, la música desempeñó un papel fundamental en un gran número de actividades cotidianas, como las ceremonias religiosas, los trabajos del campo, los desfiles militares y la muerte.

Por desgracia, disponemos de muy pocos documentos sobre la música en la Antigüedad, aunque la primera civilización que podemos estudiar más rigurosamente es la griega. Aunque es escasa la música de la Grecia clásica que ha llegado hasta nosotros, conocemos otros aspectos importantes en torno a la cultura musical de los griegos.

Representación de una danza de guerreros de Cueva Remigia (Ares del Maestre, Castellón). Arte prehistórico.

Representación de tres mujeres tocando unos crótalos, un laúd y un arpa en un banquete funerario. Tumba de Nakht (Tebas), 1400 a. C.

Interior del Partenón. Acrópolis de Atenas. Siglo v a. C.

Escucha *Trohalos.* Se trata de una canción griega adaptada por el músico **Petros Tabouris.**

1. ¿Conoces a algún personaje griego importante?
2. ¿En qué zona geográfica se ubicaba la civilización griega?
3. ¿Qué conoces sobre arte griego?
4. Escucha esta pieza. ¿Podrías identificar las familias a las que pertenecen los instrumentos que intervienen? Desde el punto de vista rítmico, indica si se trata de una obra sencilla o compleja.

LA ARMONÍA DE LA MÚSICA

Los griegos creían que la armonía musical era la misma que regía todos los movimientos del universo. Según ellos, los planetas y las estrellas producían una música divina, imperceptible para el hombre.

Orfeo tocando la lira en un fresco micénico de 1250 a. C.

Ya desde tiempos remotos, en Grecia la música se vinculaba con el arte de los sonidos, la danza y la poesía.

Dos flautas de hueso encontradas en una tumba de Macedonia (Grecia). Siglo III a. C.

Los filósofos pitagóricos cantan la salida del sol, de Fyodor Bronnikof (1869).

1. Grecia, cuna de la cultura occidental. La música en Grecia

Las musas son seres mitológicos hijas del dios **Zeus**. Se creía que eran inspiradoras de toda actividad artística. Tres musas en un bajorrelieve de Mantinea (Grecia) atribuido al taller de Praxíteles (siglo IV a.C.). Museo Arqueológico de Atenas.

La antigua Grecia es la cuna de la civilización occidental actual. Nuestra manera de pensar sobre el mundo, nuestra forma de hacer ciencia o nuestro gusto estético proceden, en mayor o menor medida, de la Grecia clásica.

La música ocupaba un lugar muy importante en la sociedad griega debido al **origen divino** que se le otorgaba. La palabra música proviene del griego *mousiké,* que significa 'arte de las musas'. El concepto no solo se refería al arte de los sonidos, sino también a la danza y a la poesía.

La música desempeñó un papel fundamental en el ámbito de la **educación** de niños y jóvenes. Según los griegos, la música servía para cultivar el alma y perfeccionar en ella la sabiduría y el valor. Un griego pensaba que a través de la música se podía formar el carácter de sus conciudadanos.

También utilizaron la música con **fines terapéuticos,** para modificar el estado de ánimo e incluso la salud del oyente, naciendo así el uso terapéutico de la música.

Por otra parte, en esta época comenzó a estudiarse el sonido desde un punto de vista matemático, es decir, científico. Los griegos pensaban que todo el universo estaba regido por el número y por la armonía de la música. De esta manera, creían que los astros, al girar, producían sonidos musicales de origen divino: los sonidos de la música con la que los dioses habían creado el universo.

En cuanto a sus características principales, la música griega era fundamentalmente **vocal** y **monódica.** Los poemas se cantaban y acompañaban con **instrumentos** musicales, que realizaban la misma melodía que el cantante. Los griegos desarrollaron un **lenguaje musical propio,** con un sistema de notación para escribir las melodías, un sistema de modos o escalas musicales y un sistema rítmico, como veremos.

La musicoterapia

Hoy en día la música se sigue empleando para lograr mejorar la calidad de vida y la salud física, mental y emocional de algunos pacientes. La disciplina que se encarga de estudiar estas propiedades de la música se llama musicoterapia.

Tabla pintada con escena de sacrificio. Mitad del siglo VI a. C. Museo Arqueológico Nacional de Atenas.

1. Reflexiona sobre cómo utilizas tú la música. ¿Alguna vez la has usado con algún fin terapéutico? (Piensa, por ejemplo, si la has utilizado para sentirte mejor o para acompañar tu estado de ánimo.)
2. ¿Existe alguna disciplina que estudie los efectos terapéuticos de la música en la actualidad? Busca información y redacta un breve resumen sobre dicha disciplina.

DOCUMENTOS PARA UNA ÉPOCA. LA MÚSICA EN LA SOCIEDAD GRIEGA

Las funciones de la música

En la Antigüedad, al igual que hoy en día, la música estaba presente en muchísimas facetas de la vida. Lee atentamente el siguiente texto. En él se describen algunas de las situaciones en las que se utilizaba la música en la vida cotidiana.

“Verdaderamente, no hay acción entre los hombres que se realice sin música. Los himnos divinos y las ofrendas son ordenados con música; las fiestas privadas y las festividades públicas de las ciudades son magnificadas con ella; los combates y las marchas se inician y se detienen mediante música. También hace menos penosas las navegaciones y el remar, y los más pesados trabajos artesanos, produciendo un alivio en las fatigas. Y en algunos pueblos extranjeros ha sido empleada incluso en los duelos, al romper con la melodía la agudeza del dolor.”

ARÍSTIDES QUINTILIANO
Sobre la música, Libro II
(Trad. de L. Colomer y B. Gil). Gredos

Copa ática con escenas en una escuela de música (siglo V a. C.).

3. Según el texto, ¿en qué contextos se usaba la música en la Antigüedad? Realiza un esquema titulado «Música griega: contextos».

4. Elabora una lista de situaciones en las que se utilice la música hoy en día. ¿Son semejantes a las que describe el texto?

Música y *ethos*

Los griegos creían que la música poseía cualidades morales y que podía influir en el carácter y el comportamiento de las personas. Según ellos, la música es capaz de imitar las pasiones o estados del alma; por lo tanto, quien escucha una música que imita cierta pasión se imbuye de ella.

“En los ritmos y en las melodías se dan imitaciones muy perfectas de la verdadera naturaleza de la ira y de la mansedumbre, y también de la fortaleza y de la templanza y de sus contrarios y de las demás disposiciones morales, y la costumbre de experimentar dolor y gozo en semejantes imitaciones está próxima a nuestra manera de sentir en presencia de la verdad de esos sentimientos [...] sería así en las melodías, en sí, hay imitaciones de los estados de carácter.”

ARISTÓTELES
Política, Libro 8
(Trad. de M. García Valdés). Gredos

Sátiro tocando el aulós en un oenochoe ático del siglo V a.C.

5. Explica, con tus propias palabras, el significado del texto.

6. ¿Consideras que la música puede realmente influir en el estado anímico y en el comportamiento de las personas? Justifica tu respuesta por escrito.

2. La música en el teatro: *Orestes* de Eurípides

El término **«orquesta»** se utiliza hoy en día para designar los grandes conjuntos instrumentales desde el siglo XVII.

Teatro de Epidauro. Vista de la grada desde el flanco derecho del escenario. Siglo IV a. C.

Una de las primeras partituras conservadas de la historia se encontró en un papiro del siglo III a. C. Se trata de una canción perteneciente a la obra teatral *Orestes,* del célebre dramaturgo Eurípides. El texto se refiere a la petición de clemencia de las mujeres de la ciudad griega de Argos a los dioses para que liberen a Orestes de su locura.

La música jugó un papel primordial en el teatro clásico. Su interpretación corría a cargo del **coro,** conjunto integrado por doce o quince cantantes-bailarines. Estos, al igual que los actores, llevaban disfraces y máscaras. El espacio donde se situaba el coro era la ***orchestra,*** parte circular o semicircular del teatro entre el escenario y las gradas. Dirigido por el **corifeo,** el coro intervenía en numerosas ocasiones a lo largo de la representación, alternándose con los actores o junto a ellos. Frecuentemente, el canto era acompañado por instrumentos musicales. Por su parte, los textos de las canciones eran, a menudo, resúmenes de los acontecimientos para ayudar al público a seguir la obra. También servían para anticipar algún detalle de lo que iba a suceder y para dar tiempo a los actores en el cambio de vestuario.

Crátera griega del siglo IV a. C. con actores y músicos.

Máscara de Agamenón (1500 a. C.), descubierta en Micenas (Grecia).

1 **7.** Escucha esta pieza musical compuesta para la obra teatral *Orestes*. En esta versión, la voz es acompañada por un aulós. ¿Qué tipo de textura consideras que se utiliza aquí? Justifica tu respuesta.

8. Lee en voz alta el texto de la canción y escenifícalo mientras escuchas la música. ¿Crees que crea una atmósfera acorde al significado del texto?

> “Vosotras, salvajes divinidades, que irrumpís a través de los cielos buscando venganza por asesinato, os imploramos que liberéis al hijo de Agamenón [Orestes] de su furia. Nos da pena este joven. La alegría es breve entre los mortales. La pena y la angustia se apoderan de ella como una ráfaga de viento, y se hunde bajo los mares turbulentos.”

3. Los instrumentos musicales de la antigua Grecia

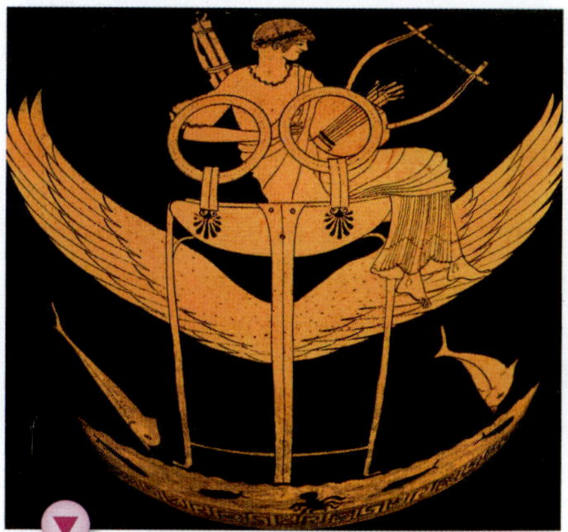

Apolo tocando la cítara. Cerámica ática del siglo v a. C.

Estos son algunos de los instrumentos musicales documentados de la antigua Grecia.

Instrumentos de cuerda

La lira. Estaba formada por una caja de resonancia (un caparazón de tortuga) de la que brotaban dos brazos de madera, que se unían en la parte superior por un yugo. A este se ataban las cuerdas, que discurrían sobre una especie de puente hasta la base de la caja. Fue uno de los instrumentos más populares de la Antigüedad.

La cítara. Instrumento de cuerda pulsada muy similar a la lira, pero de una construcción más sólida y con una caja de resonancia de madera con forma semicircular o trapezoidal. Se ejecutaba con un **plectro** o púa y era empleada por los **músicos profesionales.**

Guerrero u hoplita con un salpinx. Vaso funerario del siglo v a. C.

Instrumentos de viento

El aulós. Era un instrumento de viento fabricado en madera o caña e, incluso, en marfil. Producía su sonido mediante la vibración de una **doble lengüeta** (como el oboe o el fagot). Los antiguos describen su sonido como penetrante, dulce y apasionado. Habitualmente, un solo intérprete solía tocar dos a la vez (doble aulós).

La siringa o **syrinx.** También conocida como **flauta de Pan**, se componía de unos tubos (cinco a siete) unidos en hilera. En un principio, parece ser que todos los tubos tenían igual longitud, que se acortaba con unos tapones de cera. Con el tiempo, adquirió el formato trapezoidal con el que comúnmente se la conoce.

El salpinx. Este instrumento era una trompeta de metal que se utilizaba en festividades y en la guerra para comunicar órdenes y señales. Era de bronce y tenía aproximadamente un metro de longitud.

Relieve grecorromano con representación de sátiro con doble aulós y ménade con tympanon (siglo i a. C.). Museo del Prado.

Instrumentos de percusión

Los crótalos. Eran una pareja de pequeños platillos metálicos o de madera de entrechoque. Los crótalos eran a menudo usados por los bailarines mientras danzaban.

El tympanon. Era un instrumento membranófono muy semejante al pandero. Se golpeaba directamente con los dedos o con una baqueta y estaba presente tanto en las fiestas populares como en las celebraciones religiosas.

2-3 **9.** Escucha en los fragmentos el sonido de la lira, el aulós y el salpinx. Identifica a qué familia pertenecen en relación con su timbre. Finalmente, escribe los nombres de los instrumentos actuales con los que se pueden identificar.

4. La notación y los modos: el *Epitafio de Seikilos*

Columna-estela funeraria con inscripción del *Epitafio de Seikilos,* procedente de Asia Menor. Museo Nacional de Dinamarca.

Una de las pocas piezas griegas que ha llegado hasta nuestros días es el *Epitafio de Seikilos.* Esta pieza está inscrita en una estela funeraria del siglo I d. C. Como puedes observar en esta inscripción, los griegos utilizaban un sistema de **notación alfabética** con letras mayúsculas colocado sobre el texto para indicar las alturas de los sonidos. Los símbolos de líneas y puntos que aparecen encima de la notación alfabética nos indican la duración de los sonidos.

C Z Z KIZ I K I Ż İK O C OΦ
Οσον ζής, φαίνου, μηδέν όλως σύ λυπού,
C KZİ KİKC OΦ C K O I Z K CC CXJ
προς ολίγον εστί το ζήν, το τέλος ο χρόνος απαιτεί

Epitafio de Seikilos: «Mientras vivas, sé alegre, no dejes que nada te perturbe. La vida es demasiado corta, y el tiempo no perdona».

La **notación musical** es el sistema empleado para escribir música. A lo largo de la historia, ha habido muchos sistemas diferentes de notación musical. **Actualmente,** se sigue empleando un tipo de **notación alfabética** en países como Estados Unidos o Inglaterra.

La notación empleada en estos países es la siguiente:

A = la	B = si	C = do
D = re	E = mi	F = fa
G = sol		

Los **modos griegos** son las **escalas** que se utilizaban en la Antigüedad para componer música. Se diferencian de las escalas actuales en que algunas de ellas utilizaban **microintervalos**, es decir, intervalos más pequeños que el semitono.

Los cuatro modos principales de la música griega eran el **dórico, frigio, lidio** y **mixolidio.** A cada uno de ellos se les atribuían distintos caracteres. Según los filósofos **Platón** y **Aristóteles**, el dórico era un modo estable, moderado; el frigio movía al entusiasmo; el lidio era lánguido y el mixolidio era propio del dolor.

4 **10.** Escucha el *Epitafio.* En este se utiliza un modo frigio: la escala de re sin alteraciones. ¿Cómo es el carácter que se asocia con el modo frigio? ¿Crees que es adecuado ese modo para un texto como este? Escribe tu respuesta.

5 **11.** Las escalas Mayor y menor de nuestro sistema tonal también evocan un *sentimiento* o un *carácter.* Escucha dos fragmentos de música tonal en modo mayor y modo menor respectivamente. ¿Qué sentimientos o estados de ánimo relacionarías con cada una de ellos?

5. El ritmo en la Grecia clásica

Sátiro bailando y tocando unos crótalos (siglo II a. C.). Galería de los Uffizi, Florencia.

La música griega seguía un **sistema rítmico** muy sencillo, en el cual se alternaban duraciones o figuras largas y breves en función de las sílabas del texto al que acompañaba. Para este fin, se utilizaban fórmulas rítmicas simples llamadas **pies métricos.**

Observa la siguiente tabla:

Pies métricos	Sílabas	Transcripción
troqueo	larga – breve	𝅗𝅥 ♩
yambo	breve – larga	♩ 𝅗𝅥
tríbaco	breve – breve – breve	♩ ♩ ♩
dáctilo	larga – breve – breve	𝅗𝅥 ♩ ♩
anapesto	breve – breve – larga	♩ ♩ 𝅗𝅥
espondeo	larga – larga	𝅗𝅥 𝅗𝅥

Interpreta la canción griega ***Trohalos.***

12. Identifica los pies métricos que utiliza.

13. Podemos utilizar los pies métricos para poner ritmo a palabras sencillas. El nombre «Pedro» se acomoda muy bien al pie métrico troqueo, mientras que el nombre «Mónica» se adapta mejor al pie métrico tríbaco.

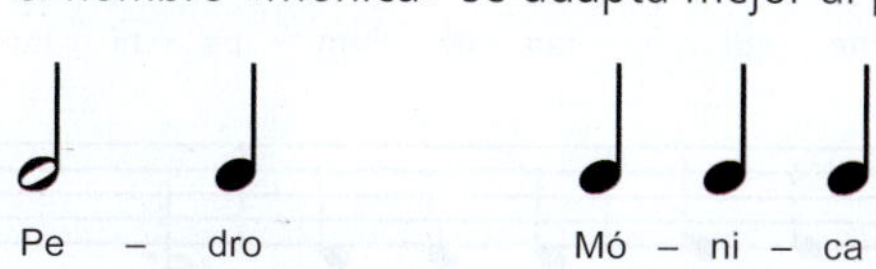

Intenta aplicar algún pie métrico a tu propio nombre y al de tus compañeros.

PERVIVENCIAS: *BLOWIN' IN THE WIND* Y *YA VIENE LA VIEJA*

Las **células rítmicas** sencillas se han utilizado en la música desde la Grecia clásica. Te ponemos un ejemplo: la canción *Blowin' in the Wind,* del norteamericano Bob Dylan (1941), es una canción protesta compuesta en 1962. Propone preguntas filosóficas sobre la paz, la guerra y la libertad. En la década de 1960, el movimiento pacifista norteamericano la adaptó como himno y, desde entonces, se ha seguido utilizando.

Bob Dylan hacia 1960.

Interpreta con flauta y voz ***Blowin' in the Wind.***

a) Busca cuál es la fórmula rítmica más utilizada y escríbela e tu cuaderno. ¿Coincide con alguno de los pies métricos que utilizaban los griegos?

b) Ahora, intenta interpretar nuevamente la canción sustituyendo la célula rítmica básica por otro pie métrico, por ejemplo, el anapesto.

Canta y analiza el villancico ***Ya viene la vieja.*** ¿Qué pies métricos se corresponden con el ritmo utilizado?

6. Música y mito: el *Orfeo* de Gluck

La música griega está estrechamente ligada a la **mitología.** Numerosos mitos y leyendas clásicos aluden al carácter mágico y misterioso del arte de los sonidos.

Uno de los mitos más interesantes es el de **Orfeo.** Orfeo era un poeta-músico tan hábil con su lira que era capaz de encantar a hombres, dioses y elementos de la naturaleza. Cuando su esposa **Eurídice** murió a causa de la picadura de una serpiente, Orfeo no dudó en descender a los infiernos para encontrarla. Este viaje estaba prohibido para los vivos, pero Orfeo, con ayuda de su lira, consiguió dormir al guardián de los infiernos, **Caronte,** el viejo barquero condenado a transportar a los muertos al mundo subterráneo. De esta manera cruzó la laguna Estigia, que separaba los dos mundos, y penetró en los infiernos. Allí, mediante su música, logró convencer al dios del infierno, **Hades,** y a su esposa, **Perséfone,** para que le devolvieran a Eurídice. Sin embargo, le pusieron como condición no mirar hacia atrás en el viaje de vuelta al mundo de los vivos. Orfeo, nervioso por saber si Eurídice iría detrás, no pudo contenerse y se dio la vuelta, perdiendo así a su esposa para siempre.

Orfeo y Eurídice, de Giovanni A. Burrini (1695). Gemäldegalerie de Viena.

Muchos compositores a lo largo de la historia han abordado el mito de Orfeo.

Entre las obras más importantes, destaca la ópera *Orfeo y Eurídice* de **Christoph Willibald Gluck** (1714-1787), músico alemán del siglo XVIII. El fragmento que aparece más abajo corresponde al aria «Che faró senza Euridice?» ('¿Qué haré sin Eurídice?'), que canta el protagonista tras haber perdido a su esposa en el camino hacia el mundo de los vivos.

Interpreta con la flauta «**Che faró senza Euridice?**», del *Orfeo* de Gluck.

14. Investiga sobre los siguientes mitos clásicos relacionados con la música:

a) Hermes y la lira.

b) Atenea, Marsias y el aulós.

c) Pan y Siringa.

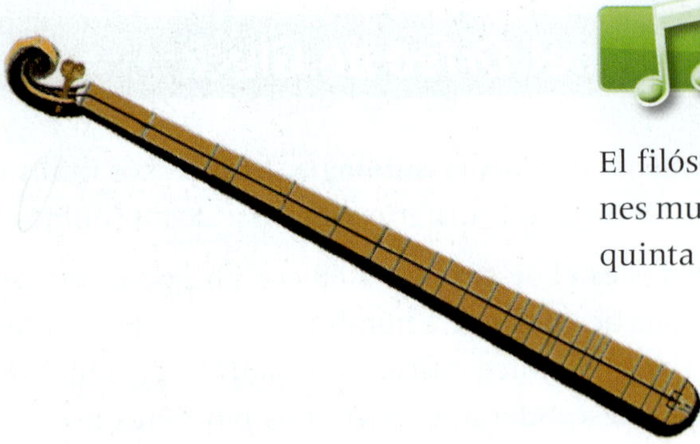

7. Música y matemáticas: el monocordio

El filósofo y matemático **Pitágoras** estableció en el siglo VI a. C. las proporciones musicales de los tres intervalos consonantes básicos: intervalo de octava, de quinta y de cuarta. Para ello, utilizó un instrumento llamado **monocordio.**

Reconstrucción de un monocordio.

15. Te proponemos **construir un monocordio,** siguiendo unas sencillas instrucciones, y experimentar con él.

1. Cogemos una tabla (la tapa de una caja para botellas, por ejemplo) y clavamos dos puntas en los bordes extremos como muestra la figura.

2. Pegamos dos puentes sobre la tabla para delimitar la parte vibrante de la cuerda. Si es posible, los puentes deberán tener una sección triangular.

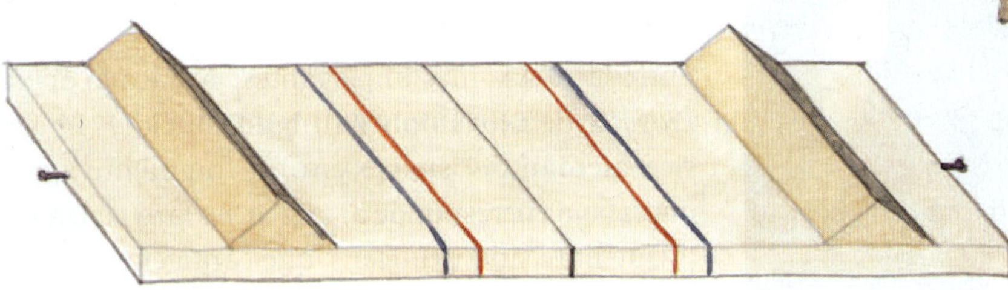

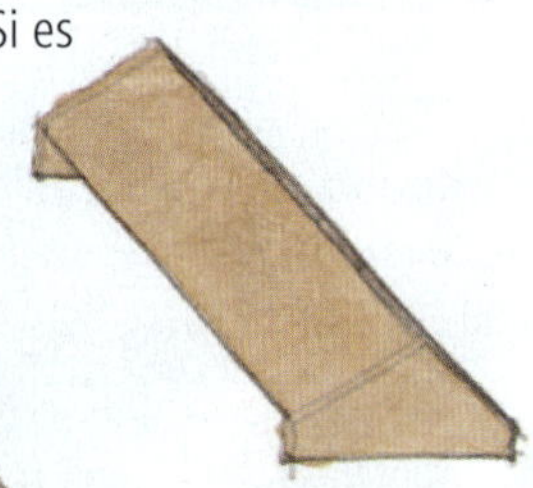

3. Ahora hay que hacer un tercer puente móvil ligeramente más alto que los otros dos, que nos servirá para acortar la cuerda en distintos puntos.
4. A continuación, sobre la tabla marcaremos, con regla y rotulador, las medidas como sigue:
   - La longitud total de la cuerda vibrante (la distancia entre las cúspides de los dos puentes fijos): con dos líneas en los extremos.
   - Octava (calcula la mitad de la longitud total): con una línea sobre la tabla en color negro.
   - Quinta (divide la longitud total en tres partes): las líneas sobre la tabla en color rojo.
   - Cuarta (fracciona en cuatro partes la longitud total): marcamos dos líneas en color azul.

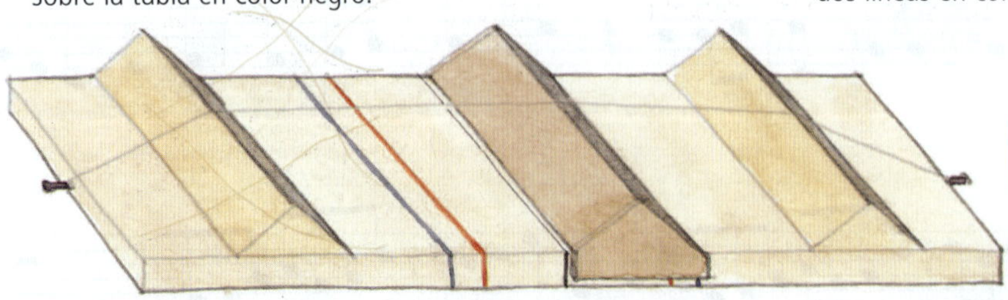

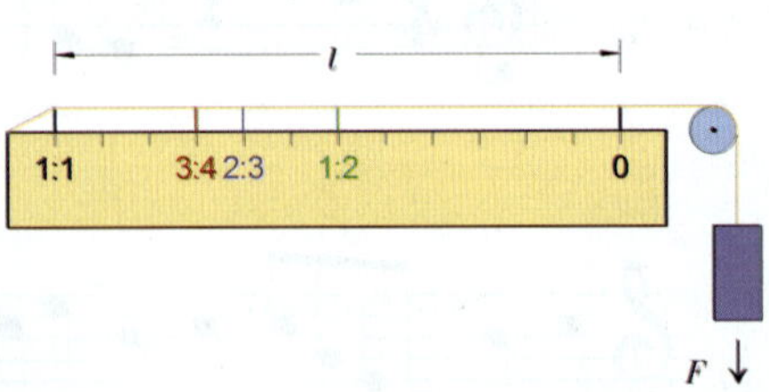

5. Atamos una cuerda de guitarra (o una goma) a cada una de las dos puntas, pasando por encima de los puentes fijos y procurando que quede bien tensa.
6. A partir del sonido que produce la cuerda completa (sin puente), tenemos que obtener, mediante la colocación del puente móvil en las distintas marcas 1, 2 y 3, como en el dibujo, los intervalos de octava (1/2), quinta (2/3) y cuarta (3/4). Para ello, pulsa siempre la parte más larga de la cuerda.

Investigación en red: Orfeo en la música

Vamos a elaborar una **presentación de diapositivas en formato digital** sobre el mito de Orfeo y la música.

Para ello, vas a realizar una **investigación** sobre el mito de Orfeo y las diferentes obras musicales que se han inspirado en él a lo largo de la historia, buscando información en internet.

Cartel anunciador del la opereta *Orphée aux Enfers,* de J. Offenbach, estrenada en París en 1858.

Primera fase: búsqueda de información en la red

@

1. Para iniciar tu investigación utiliza un **buscador de internet,** por ejemplo, Google.
2. Intenta encontrar al menos **tres obras musicales** que utilicen este mito clásico como argumento o fuente de inspiración. Fíjate en el género al que pertenecen y en la época en que se compusieron. (Te ofrecemos una pista: hay obras que no se llaman *Orfeo,* sino que en su título aparecen otras palabras relacionadas con el mito, como Eurídice.)
3. Los mitos fueron narrados de formas muy diversas y, a veces, podemos encontrar argumentos ligeramente distintos en diferentes autores. Busca diferentes versiones del título. (Pista: algunas diferencias que puedes encontrar están relacionadas con la manera de morir de Eurídice, o con lo que le ocurrió a Orfeo después de perder a su esposa definitivamente.)
4. Completa tu búsqueda con imágenes que ilustren el mito de Orfeo y Eurídice. Existen multitud de pinturas de diferentes épocas y estilos sobre este mito. También puedes buscar retratos de los compositores de las obras o fotos de alguna representación. (Otra pista: si has utilizado Google, pincha en la pestaña «Imágenes» para que te muestre fotografías o dibujos.)

Segunda fase: la elaboración del trabajo

5. Crea trece diapositivas para desarrollar el trabajo. En la primera, pondrás el título del trabajo: **«Orfeo en la música»,** por ejemplo.
6. Las siguientes doce diapositivas se dividirán en tres grupos o apartados con el objetivo de exponer cada una de las obras elegidas, en definitiva, cuatro diapositivas por obra con la siguiente información:
   - Título.
   - Género (ópera, ballet, canción...).
   - Autor, con breve biografía.
   - Estilo y época.
   - Argumento, con la versión o momento del mito que narra.
   - Otros datos de interés: fecha y lugar de estreno, acogida de la obra, personajes que participan en la obra y sus voces, etcétera.

No olvides ilustrar todas las diapositivas con las imágenes que has encontrado en internet.

ACTIVIDADES

1. Completa en tu cuaderno el siguiente mapa conceptual:

LA MÚSICA EN GRECIA

- **Música en la educación**
  La música es idónea para cultivar el ..... crecimiento
- **Música y mito**
  Origen divino de la música.
- **Música y ciencia**
  Pitágoras utilizó el ..... monocordio para hallar las proporciones interválicas básicas.
- **Música en el teatro**
  El coro situado en la ..... Orchestra cantaba y danzaba.

ELEMENTOS

- Música vocal con acompañamiento instrumental. Monódica.
- **Modos**
  Sistema de ..... Escalas que transmite un carácter concreto.
- **Pies Métricos**
  Diseños rítmicos que combinan valores ..... y breves largos.
- **Notación alfabética**

INSTRUMENTOS

- Lira
- Cítara
- Aulós
- ..... siringa
- ..... Salpinx
- ..... Crótalos
- ..... Tympanon

2. Relaciona en tu cuaderno los conceptos de las dos columnas:

• lira	• flauta de Pan / Syrinx
• *Epitafio* de Seikilos	• música y matemáticas / Pitágoras
• corifeo	• partitura alfabética / Epitafio de Seikilos
• syrinx	• *Orfeo y Eurídice* / Gluck
• Pitágoras	• cuerda pulsada / Lira
• Gluck	• teatro / corifeo

3. Define los siguientes conceptos:

a) Música monódica.
b) *Orchestra.*
c) Cítara.
d) Modo frigio.
e) Pies métricos.

ACTIVIDADES

4. Te proponemos un ejercicio de creación e interpretación para repasar los conceptos musicales aprendidos en esta Unidad. Sigue estas sencillas pautas:

a. Compás

En primer lugar, debes elegir el compás de la pieza.

Si optas por el ternario (tres por cuatro), podrás utilizar los tres pies métricos ternarios que hemos visto en la Unidad: troqueo, yambo y tríbraco.

Si te decides por un compás cuaternario (cuatro por cuatro), podrás utilizar los pies métricos cuaternarios: dáctilo, anapesto y espondeo.

b. Modo

Vamos a hacer nuestras canciones en modo frigio (escala de re sin alteraciones).

Podrás utilizar en tu composición todas las notas de esta escala.

No obstante, para afianzar el modo te recomendamos comenzar y concluir la pieza con la nota re.

c. Composición

Combina las notas de la escala y los pies métricos como desees.

Puedes ir probando con un instrumento (flauta, xilófono, etc.) para ver cómo queda. (La mayoría de compositores se ayudan de un instrumento para crear sus obras.)

La composición tendrá una extensión de ocho compases.

d. Letra

Inventa una letra que encaje con tu melodía.

Recuerda que el modo frigio transmite, según los griegos, entusiasmo y alegría, por lo que debes adecuar el significado del texto a ese carácter.

e. Interpretación

Interpretad en grupo las piezas compuestas.

Una parte del conjunto tocaría la melodía con flautas y xilófonos, mientras la otra parte interpreta la letra cantando.

Además, uno de vosotros puede hacer un ritmo sencillo con un pandero, unas claves o unos crótalos:

- Ritmo básico **ternario.**

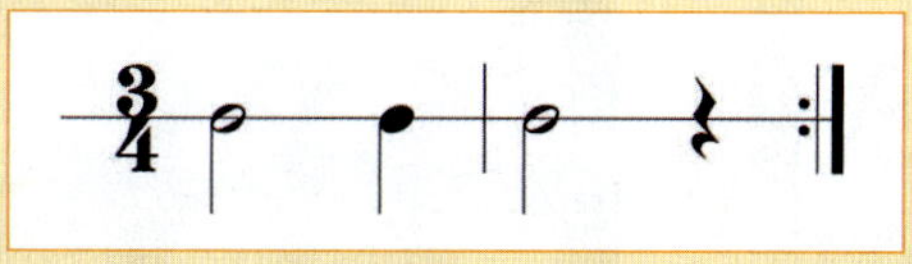

- Ritmo básico **cuaternario.**

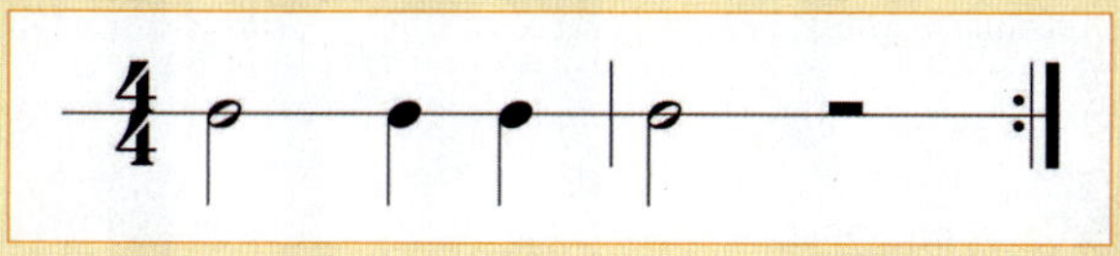

Comparad vuestra interpretación con las audiciones que habéis realizado a lo largo de la Unidad.

El resultado sonoro será similar al de la **música de la Grecia clásica,** es decir...

- Música vocal con acompañamiento instrumental monódico.
- Ritmo construido a partir de pies métricos.
- Utilización de un modo griego.

LA MÚSICA EN LA EDAD MEDIA

DESDE EL IMPERIO ROMANO A LA IMPRENTA DE GUTENBERG

La caída del Imperio romano y las invasiones bárbaras supusieron el final de la Antigüedad y dieron paso a la Edad Media (siglos v al xv). La escasez de documentos y la dispersión de la población, propias de los primeros cinco siglos medievales, hacen que sea un período denominado oscuro.

En los últimos siglos de la Edad Media, las ciudades crecieron y se desarrolló el comercio. Las catedrales y las universidades tomaron el relevo a los monasterios como centros de cultura. Nuevos inventos y descubrimientos preparaban una nueva época.

Representación de un trovador en las *Cantigas de Santa María*, de Alfonso X.
Los trovadores medievales tocaban y cantaban para reyes y nobles. A través de miniaturas y de esculturas medievales se han podido reconstruir **instrumentos musicales** de la época.

Las iglesias fueron un centro de difusión musical de primer orden durante la Edad Media.

Conocemos muy poco de la música de la antigua Grecia. Por el contrario, podemos saber con bastante exactitud, gracias a la utilización de la **notación musical** creada en esta época, cómo sonaba la música en la Edad Media.

SIETE MILLONES DE COPIAS

En las navidades de 1993 ocurrió algo insólito. El disco de canto gregoriano grabado por los monjes de Santo Domingo de Silos (Burgos) vendió siete millones de copias. Los monjes desplazaron en ventas al rock, al pop y a la salsa. Nunca antes un álbum de música culta había encabezado las listas de superventas en España.

Claustro del monasterio de Santo Domingo de Silos (siglo XII).

Escucha «Puer natus est», cantado por los monjes del monasterio de Santo Domingo de Silos.

1. ¿Por qué crees que el canto gregoriano no se interpreta con instrumentos?
2. ¿En qué se asemeja esta obra al *Epitafio de Seikilos* que escuchaste en la Unidad 1?
3. ¿Qué es lo que se parecería hoy en día a un juglar? ¿Y a un trovador?
4. ¿Qué música se asocia a la época del arte románico?

1. La Edad Media

@ En **www.caminosantiago.org,** web de la Federación Española de Asociaciones del Camino de Santiago, tienes una amplia información sobre el Camino de Santiago, su importancia religiosa y cultural, y sus recorridos.

En la Edad Media (siglos v al xv), la cultura, el arte y el saber de la Antigüedad, si no se perdieron completamente, sí quedaron relegados en unos pocos focos.

En la Europa cristiana, la influencia de la **religión** es absoluta sobre la vida. La gran mayoría de la población era analfabeta y tenía un conocimiento del mundo muy limitado. Además, en toda Europa occidental, el sistema social y económico se fundamentaba en el **feudalismo.** En la estructura feudal, los habitantes, más que pertenecer a un Estado, *pertenecían* a un señor feudal, para el cual trabajaban la tierra; este, a cambio, les brindaba protección.

Por su parte, muchos viajes eran ocasionados por las cruzadas, las guerras o las peregrinaciones a lugares santos —Roma o Santiago de Compostela—, aunque la Edad Media es la primera época en la que conocemos a grandes viajeros como Marco Polo. Por ello, el **Camino de Santiago** fue una verdadera ruta cultural de Europa. A través de este, se extendieron nuevas corrientes religiosas (cluniacense y cisterciense), se difundieron nuevos estilos arquitectónicos, escultóricos y pictóricos (románico y gótico), y conocimientos y estilos musicales.

Interior de la Catedral de Notre-Dame de París.

«Ruta de la seda. Caravana hacia la China». *Atlas de Abraham Cresques* (1375).

Trovador alemán. *Codex Manesse* (manuscrito miniado de h. 1340). Biblioteca de la Universidad de Heidelberg.

En el ámbito de la música religiosa, la música oficial de la Iglesia en esta época es el **canto gregoriano.** Este se practicaba en los **monasterios,** que eran los principales centros de conocimiento. El canto gregoriano es un arte exclusivamente orientado a la oración, a la comunicación con Dios, y como tal estuvo desprovisto de adornos innecesarios. Para imaginar cómo debía de sonar el gregoriano tenemos que relacionarlo con los pequeños templos visigóticos y románicos, donde la música crearía una sonoridad especial, casi como un eco.

Un acontecimiento fundamental en la historia de la música es el nacimiento de la **polifonía,** que se produce en los grandes centros eclesiásticos de la Edad Media. La escuela principal de la polifonía medieval fue la Catedral de Notre-Dame en París, construida entre 1163 y 1345. Sus innovaciones se transmitieron a las catedrales de las ciudades por las que transitaba el Camino de Santiago.

Por otra parte, la **música profana** estaba representada por los juglares (de origen humilde) y trovadores (que trabajaban en los círculos aristocráticos). Aunque tiene características similares a la religiosa, la música profana presenta rasgos propios que influirían en el desarrollo musical de épocas posteriores: empleo de instrumentos, esquemas melódicos breves, repeticiones, etcétera.

DOCUMENTOS PARA UNA ÉPOCA. LA MÚSICA MEDIEVAL Y SU CONTEXTO

San Agustín y la música en la Iglesia

El canto gregoriano no era una música «de concierto» para interpretar ante un público, sino que los monjes y religiosos la utilizaban como un medio de acercarse a Dios. Era una música que estaba al servicio del texto. Aunque actualmente podemos asistir a conciertos de canto gregoriano, allí la música está fuera del contexto en el que nació. En el siguiente texto, **San Agustín** expresa la misión que ha de cumplir el canto en la Iglesia:

«Cuando evoco las lágrimas que he vertido ante las canciones de Tu iglesia, en el principio de mi fe recobrada y como aún ahora me siento conmovido no por el canto, sino por lo que se canta, cuando se canta con una voz clara y hábilmente modulada, entonces reconozco la gran utilidad de esa costumbre. De esta suerte, vacilo entre el peligroso placer y la pureza a que aspiro y antes bien me inclino (aunque no pronuncio una opinión irrevocable acerca de este asunto) a aprobar el uso del canto en la iglesia, pues de ese modo, en virtud de las delicias del oído, las mentes más débiles pueden sentirse estimuladas hacia un marco de devoción. Sin embargo, cuando ocurre que me siento más conmovido por el canto que por lo que se canta, me confieso a mí mismo que he pecado de una manera criminal y entonces quisiera no haber oído ese canto. ¡Ved ahora en qué situación me hallo!»

En D. Grout y C. V. Palisca
Historia de la música occidental 1
Alianza

Gradual italiano de finales del siglo XIV.

1. Después de leer el texto de San Agustín, explica con tus palabras las contradicciones que le suscita la música al filósofo.

2. Indica para cada una de estas músicas en qué contexto tienen sentido:
   a) Música religiosa.
   b) Música disco.
   c) Música de cine.
   d) Música ritual (para ritos mágicos).
   e) Estudios para el aprendizaje de un instrumento.
   f) Música de relajación.

La polifonía

La polifonía, como muchas novedades en la historia de la música o en general del arte, suscitó muchos debates y hubo mucha gente que se opuso a su desarrollo. Entre ellos destacó **Juan XXII** (papa entre 1316 y 1334), quien escribió lo siguiente:

«Algunos discípulos de una nueva escuela, poniendo todo su empeño en medir el tiempo, intentan expresar mediante nuevas notas aires inventados solo por ellos, con menoscabo de los antiguos cantos, que ellos sustituyen por otros compuestos a base de breves y semibreves y de notas casi inasibles. Ellos interrumpen las melodías, las vuelven afeminadas debido al uso del discanto, las inundan a veces de un canto dado o de vulgares motetes, de forma que, frecuentemente, manifiestan su desprecio a los principios por los que se rigen el Antifonario y el Gradual, al ignorar los fundamentos sobre los que estos se asientan y al mezclar unos tonos con otros sin discernirlos. La multitud de notas anula los sencillos y equilibrados razonamientos por medio de los cuales, dentro del canto llano, se distinguen unas notas de otras. Corren y no se detienen jamás; embriagan los oídos y no se preocupan de los espíritus; imitan mediante gestos lo que cantan o tocan, de modo que uno se olvide de la devoción que se pretendía y que uno aprenda la relajación de costumbres que debía haberse evitado.»

En E. Fubini
La estética musical desde la Antigüedad hasta el siglo XX
Alianza

3. Explica con tus palabras el texto. Después, enumera los términos musicales que aparecen en él. Por último, busca información para definir las siguientes palabras: *antifonario, gradual, discanto y motete.*

4. Busca ejemplos de otras actitudes más actuales de rechazo a lo nuevo. (Piensa en la música actual, pero también en la moda, el arte, las costumbres, etcétera.)

2. El canto gregoriano

El latín en la música

Hasta el siglo XX, el latín fue el idioma utilizado en la liturgia católica.

El canto gregoriano procede en gran medida del canto de las sinagogas del pueblo judío. Recibe su nombre del papa Gregorio Magno porque en su época (siglos VI y VII) se realizó la primera recopilación de los cantos de la Iglesia. Es una música **monódica, a capella** (los instrumentos estuvieron mucho tiempo prohibidos en la Iglesia), en **latín** y de **ritmo libre.**

6 **Escucha** *Dies irae* siguiendo la música en el tetragrama:

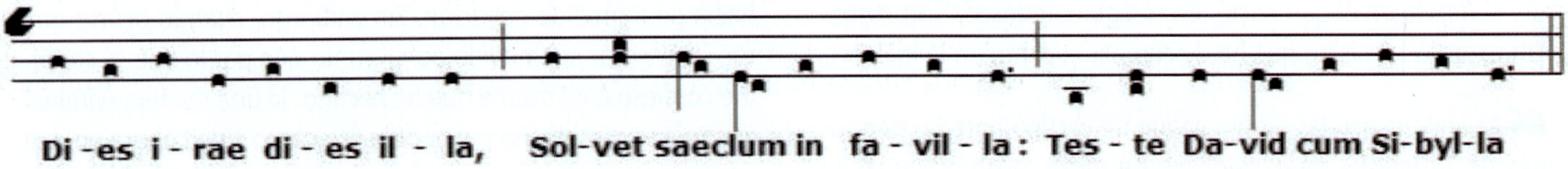

Las melodías del canto gregoriano se escribían en **tetragramas.** Para leerlas correctamente —y transcribirlas a un pentagrama moderno—, hay que tener en cuenta los siguientes datos:

a. El **signo inicial** es la clave, en este caso, de **do:** en la cuarta línea se sitúa la nota **do.**

b. La **notación** es «cuadrada»: solo se escriben las cabezas de las notas.

c. Aparecen varias **notas agrupadas** cuando se interpretan sobre una sílaba del texto: se leen de izquierda a derecha y de abajo a arriba.

d. Las **pausas** se representan con líneas verticales de diferente longitud y coinciden con las pausas del texto.

La secuencia *Dies irae* aparece en diversas composiciones, sacras y profanas, posteriores, como en la *Sinfonía fantástica* de Berlioz, escrita en 1830.

3 Ahora, **escucha** este *Dies irae* de **Hector Berlioz** (1803-1869).

Durante muchos siglos, las melodías del canto gregoriano sirvieron de base para composiciones de otros estilos, sobre todo para la música religiosa polifónica hasta el siglo XVIII.

4 Finalmente, **escucha** un *Gloria*. El Gloria es una sección de la misa.

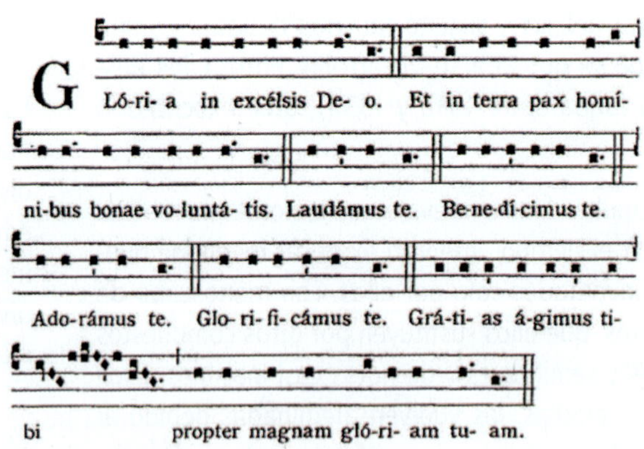

5. ¿Cómo se marcan en las partituras las pausas? ¿Qué ocurre en las melodías en cada final de verso?

6. ¿Cuál es el ámbito de las **melodías**?

Asimismo, es característico del gregoriano el uso del **tono de recitado,** es decir, entonar fragmentos alrededor de una nota que se llama **tenor.**

En muchas obras gregorianas, sobre todo las de texto largo, se utiliza también una **relación silábica** entre la música y el texto: a cada sílaba corresponde una nota. Sin embargo, algunos momentos importantes se realzan con melismas, un grupo de varias notas para una sílaba del texto.

El **Ars nova** fue en la música una reforma paralela al auge del estilo gótico en la arquitectura. Interior de la Sainte Chapelle de París (mitad del siglo XIII).

3. La polifonía

Hemos estudiado que en el canto gregoriano la música era un vehículo de oración. Sin embargo, poco a poco nació un «sentido artístico», es decir, una búsqueda de la belleza en la música: se utilizaron adornos en las melodías y, finalmente, se añadieron otras melodías por encima del canto original. De modo que las primeras obras polifónicas tienen ya una finalidad artística, más allá de su función de comunicación con Dios.

La polifonía está documentada desde el siglo IX, aunque no se generaliza hasta el **siglo XIII.** Nació en los entornos más cultos de la época, es decir, los religiosos; por ello, se basó en el canto gregoriano. La historia de la música entre los siglos XI y XVI es la historia de la evolución de la polifonía.

Escucha la pieza *Rex caeli, Domine maris*.

7. ¿Dónde se producen unísonos entre las dos voces?

8. ¿Por qué no está indicado el compás? Justifica tu respuesta.

La forma más sencilla de construir una polifonía era superponer por encima de una melodía gregoriana (llamada ahora **tenor** o *cantus firmus*) una segunda voz (*discantus* o **discanto**).

Rex caeli, Domine maris pertenece al tratado *Música enchiriadis,* del siglo IX: se trata del primer documento conservado de música polifónica. **Observa:**

Escucha ahora *Sederunt principes*, de **Pérotin** (h. 1160-1233), maestro de la Catedral de Notre-Dame de París.

La existencia de varias voces con diferentes melodías ocasionó la necesidad de dar medida exacta a las notas. Para escribir la polifonía, apareció en el siglo XIII un sistema de notación con figuras musicales que indicaban valores concretos. Este sistema fue el origen de nuestra notación actual.

Por último, en la música polifónica medieval, se empleaban modelos rítmicos muy repetidos, similares a los pies métricos de la antigua Grecia. En *Sederunt principes,* sobre cada sílaba del texto se desarrollan largos pasajes de melodías ondulantes.

9. ¿Cuál es el motivo rítmico que se repite en las voces superiores?

10. ¿Qué indica el hecho de que en esta transcripción moderna estén todas las voces escritas en clave de fa?

11. ¿Cuál de las voces superiores tiene mayor importancia? Justifica tu respuesta.

5. El bordón y el acompañamiento

Figura 1. Modelo de bordón y sus variantes.

La música profana medieval podía llevar acompañamiento de **percusión** y también de **bordones.**

Un **bordón** es una nota grave mantenida durante largo tiempo como soporte para una melodía. Algunos instrumentos, como la gaita, están preparados para ejecutar bordones. El más sencillo utiliza únicamente la nota principal de modo (en nuestro ejemplo, **re**) y con ella se realizan notas largas o motivos rítmicos repetidos.

Observa en la **figura 1** un modelo de bordón y sus variantes.

Un bordón más elaborado incluye la nota principal del modo y la quinta. El intervalo de quinta era el primer intervalo consonante en la Edad Media. (En la actualidad, nuestro oído se ha acostumbrado a oír melodías paralelas por terceras.) Con la tónica —re— y la quinta —la—, pueden realizarse varias combinaciones de bordón, independientemente del modelo rítmico que elijamos. Si interpretamos un bordón con un instrumento de placas, la tónica siempre debe tocarse con la mano izquierda —la nota más grave—.

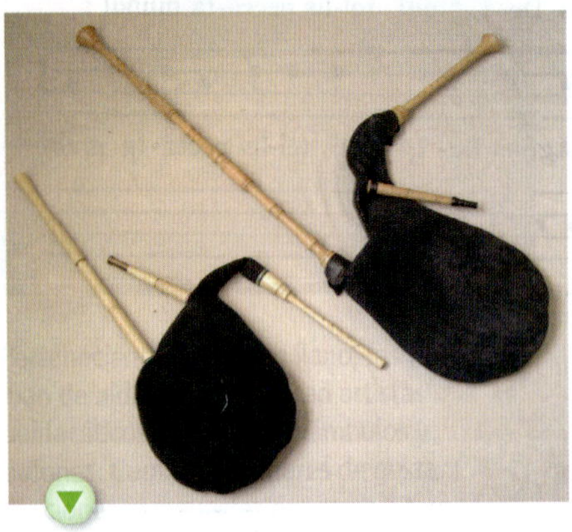

Dos modelos de gaita medieval.

Los principales **tipos de bordones** son:

a. Bordón **de acorde:** las dos notas a la vez.

b. Bordón **de arpegio:** las dos notas sucesivas.

c. Bordón **de nivel:** repitiendo el modelo en la octava grave y en la aguda.

d. Bordón **cruzado:** utilizando la tónica, la quinta y la octava (la tónica de la siguiente octava) y, normalmente, alternando las tres notas.

10 Interpreta con la voz, flauta o con instrumentos de placas, o ambos a la vez, la cantiga *Mia irmana fremosa*, del trovador gallego **Martín Codax** (siglo XIII).

a) Añade después un acompañamiento de bordón que utilice las notas fa (tónica) y do (quinta).

b) Organiza un acompañamiento para tres instrumentos de percusión en el que aparezca marcado el compás, el pulso y el ritmo de la canción.

c) ¿En qué modo rítmico de los antiguos griegos está basada esta obra? Justifica tu respuesta.

El **Ars nova** fue en la música una reforma paralela al auge del estilo gótico en la arquitectura. Interior de la Sainte Chapelle de París (mitad del siglo XIII).

3. La polifonía

Hemos estudiado que en el canto gregoriano la música era un vehículo de oración. Sin embargo, poco a poco nació un «sentido artístico», es decir, una búsqueda de la belleza en la música: se utilizaron adornos en las melodías y, finalmente, se añadieron otras melodías por encima del canto original. De modo que las primeras obras polifónicas tienen ya una finalidad artística, más allá de su función de comunicación con Dios.

La polifonía está documentada desde el siglo IX, aunque no se generaliza hasta el **siglo XIII.** Nació en los entornos más cultos de la época, es decir, los religiosos; por ello, se basó en el canto gregoriano. La historia de la música entre los siglos XI y XVI es la historia de la evolución de la polifonía.

7 **Escucha** la pieza *Rex caeli, Domine maris.*

La forma más sencilla de construir una polifonía era superponer por encima de una melodía gregoriana (llamada ahora **tenor** o *cantus firmus*) una segunda voz (*discantus* o **discanto**).

Rex caeli, Domine maris pertenece al tratado *Música enchiriadis,* del siglo IX: se trata del primer documento conservado de música polifónica. **Observa:**

7. ¿Dónde se producen unísonos entre las dos voces?

8. ¿Por qué no está indicado el compás? Justifica tu respuesta.

5 **Escucha** ahora *Sederunt principes,* de **Pérotin** (h. 1160-1233), maestro de la Catedral de Notre-Dame de París.

La existencia de varias voces con diferentes melodías ocasionó la necesidad de dar medida exacta a las notas. Para escribir la polifonía, apareció en el siglo XIII un sistema de notación con figuras musicales que indicaban valores concretos. Este sistema fue el origen de nuestra notación actual.

Por último, en la música polifónica medieval, se empleaban modelos rítmicos muy repetidos, similares a los pies métricos de la antigua Grecia. En *Sederunt principes,* sobre cada sílaba del texto se desarrollan largos pasajes de melodías ondulantes.

9. ¿Cuál es el motivo rítmico que se repite en las voces superiores?

10. ¿Qué indica el hecho de que en esta transcripción moderna estén todas las voces escritas en clave de fa?

11. ¿Cuál de las voces superiores tiene mayor importancia? Justifica tu respuesta.

4. Los trovadores y la música instrumental

Pertenecientes al pueblo llano, los **juglares** iban de aldea en aldea. Eran artistas polifacéticos: músicos, funámbulos y bufones. Cantaban cantares de gesta, canciones compuestas por otros o tomadas de la música popular. Representación de juglares en la iglesia de Sant Joan de Boí (Lérida), siglo XII.

6 **Escucha** la *Istampita Parlamento,* de autor anónimo.

En la Edad Media, los instrumentos tenían un papel secundario, siempre supeditados a la voz. No existía una orquesta de gran volumen sonoro, sino pequeñas agrupaciones de instrumentos de viento, cuerda y percusión. Estas acompañaban canciones, bailes y procesiones que improvisaban, a partir de modelos, melodías vocales que reproducían con ligeras variaciones.

En la polifonía, los instrumentos comenzaron a sustituir a algunas voces. La música instrumental pura no era habitual; a veces se trataba de transcripciones de géneros vocales. El ejemplar más importante que se conserva de monodias instrumentales es el ***Manuscrito del Rey,*** una colección de «ocho estampidas reales» y «una danza real».

La forma de la **estampida** —pieza para danzar— es similar a la de otras formas profanas. Se trata de una obra monofónica que se compone de una serie de secciones repetidas con finales variados.

12. ¿Esta pieza tiene un ritmo binario o ternario?

13. ¿Qué familias de instrumentos reconoces en la *Istampita Parlamento*?

8 **Escucha** una versión instrumental de la cantiga «Come somos», de las *Cantigas de Santa María* de **Alfonso X** (1221-1284).

Los **trovadores** eran poetas compositores equiparables a los cantautores modernos. A veces viajaban acompañados de juglares, que interpretaban sus canciones. Su especialidad eran las canciones de tema amoroso, aunque también trataban temas políticos, religiosos, etcétera.

El rey Alfonso X fue uno de los trovadores más importantes de su época. Sus *Cantigas de Santa María,* aunque de contenido religioso, siguen las pautas de la música profana de la época: música **monódica**, en lengua **vernácula** (la propia de cada región), **silábica, ritmo medido** (ternario), **frases repetidas** y similares en extensión.

14. Acompaña la melodía marcando el compás.

15. Analiza la melodía y contesta a las siguientes preguntas: ¿cuántas frases reconoces?, ¿qué ámbito tienen?, ¿qué intervalos aparecen?

EL CANTO GREGORIANO

Interpretad esta versión del *Agnus Dei.*

Podéis emplear este fragmento para practicar las diferentes maneras de cantar en el gregoriano. Dichas **formas** son las siguientes:

1. Forma **directa.** Todo lo canta un solista o un coro.
2. Forma **antifonal.** Se alternan varios coros.
3. Forma **responsorial.** Se alternan solista y coro.

Hasta la generalización de la **notación musical,** las melodías se transmitían de forma oral.

Practicaremos el canto responsorial. Una persona —profesor o alumno— canta o toca cada una de las tres partes de la obra y el grupo le responde interpretando la misma frase:

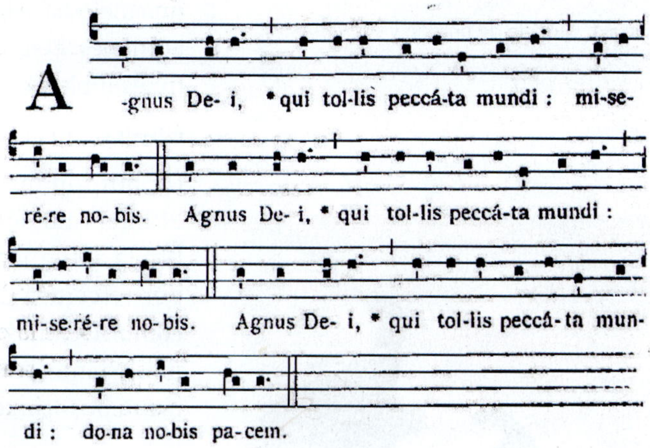

Interpretad esta entonación del ***Aleluia,*** una fórmula que sirve para concluir diversas secciones de la liturgia. Tradicionalmente era una de las partes más melismáticas del canto.

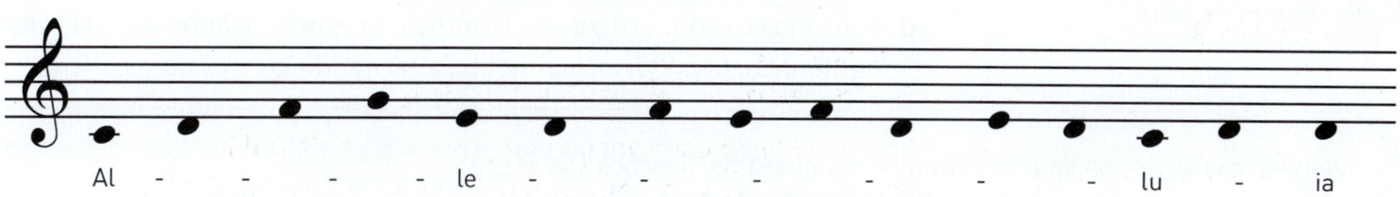

Por último, transcribid e interpretad este Himno a San Juan Bautista, del siglo VIII.

Fíjate que, del comienzo de cada verso, procede el nombre de las notas musicales. La clave que utiliza es la **clave de fa.** Por tanto, la obra empieza en la nota **do.**

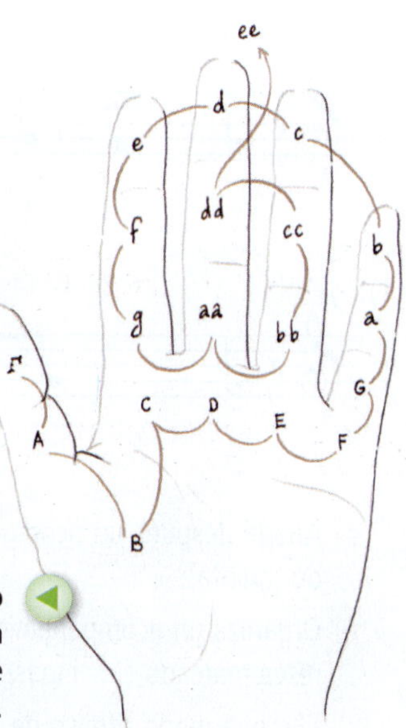

Se considera al monje benedictino **Guido de Arezzo** uno de los padres de la notación moderna: las distintas posiciones en la palma de su mano indicaban las diferentes notas.

5. El bordón y el acompañamiento

Figura 1. Modelo de bordón y sus variantes.

La música profana medieval podía llevar acompañamiento de **percusión** y también de **bordones.**

Un **bordón** es una nota grave mantenida durante largo tiempo como soporte para una melodía. Algunos instrumentos, como la gaita, están preparados para ejecutar bordones. El más sencillo utiliza únicamente la nota principal de modo (en nuestro ejemplo, **re**) y con ella se realizan notas largas o motivos rítmicos repetidos.

Observa en la **figura 1** un modelo de bordón y sus variantes.

Un bordón más elaborado incluye la nota principal del modo y la quinta. El intervalo de quinta era el primer intervalo consonante en la Edad Media. (En la actualidad, nuestro oído se ha acostumbrado a oír melodías paralelas por terceras.) Con la tónica —re— y la quinta —la—, pueden realizarse varias combinaciones de bordón, independientemente del modelo rítmico que elijamos. Si interpretamos un bordón con un instrumento de placas, la tónica siempre debe tocarse con la mano izquierda —la nota más grave—.

Dos modelos de gaita medieval.

Los principales **tipos de bordones** son:

a. Bordón **de acorde:** las dos notas a la vez.

b. Bordón **de arpegio:** las dos notas sucesivas.

c. Bordón **de nivel:** repitiendo el modelo en la octava grave y en la aguda.

d. Bordón **cruzado:** utilizando la tónica, la quinta y la octava (la tónica de la siguiente octava) y, normalmente, alternando las tres notas.

10 Interpreta con la voz, flauta o con instrumentos de placas, o ambos a la vez, la cantiga *Mia irmana fremosa*, del trovador gallego **Martín Codax** (siglo XIII).

a) Añade después un acompañamiento de bordón que utilice las notas fa (tónica) y do (quinta).

b) Organiza un acompañamiento para tres instrumentos de percusión en el que aparezca marcado el compás, el pulso y el ritmo de la canción.

c) ¿En qué modo rítmico de los antiguos griegos está basada esta obra? Justifica tu respuesta.

6. Los goliardos: «O Fortuna», de Carl Orff

Los **goliardos** eran clérigos errantes o estudiantes pobres de los siglos XI al XIII, momento en que se fundaron las grandes universidades en Europa. Sus canciones tenían textos en latín y trataban temas satíricos, el vino, las relaciones amorosas, etc., con un carácter mordaz e informal.

Los famosos *Carmina Burana* de **Carl Orff** (1895-1982) recrean con coros y orquesta moderna textos medievales de los goliardos.

Interpretad «O Fortuna» de estos *Carmina Burana*.

11

a) **Acompañad** la melodía con el siguiente **ostinato:**

b) Por último, preparad una interpretación en grupo en la que vayan entrando instrumentos sucesivamente, de tal manera que se incremente la tensión desde el comienzo del allegro hasta el final en tutti.

«Ad mortem festinamus» del *Llibre Vermell.*

7. El *Llibre Vermell*

El *Llibre Vermell* (siglo XIV), que contiene una música a medio camino entre lo profano y lo religioso, es uno de los manuscritos más importantes de música medieval conservado en España. Se trata de una colección de danzas y canciones dedicadas a los peregrinos que acudían al Monasterio de Montserrat (Barcelona).

Vanitas, de Philippe de Champaigne (1671). Museo de Tessé en Le Mans.

12

Interpretad con voces e instrumentos «Ad mortem festinamus».

Se trata de una curiosa danza de la muerte. Las guerras, las enfermedades y la falta de alimentos provocaron una baja esperanza de vida durante toda la Edad Media, así que la muerte era un elemento muy presente en la vida cotidiana. Además, durante gran parte del siglo XIV, la peste asoló Europa.

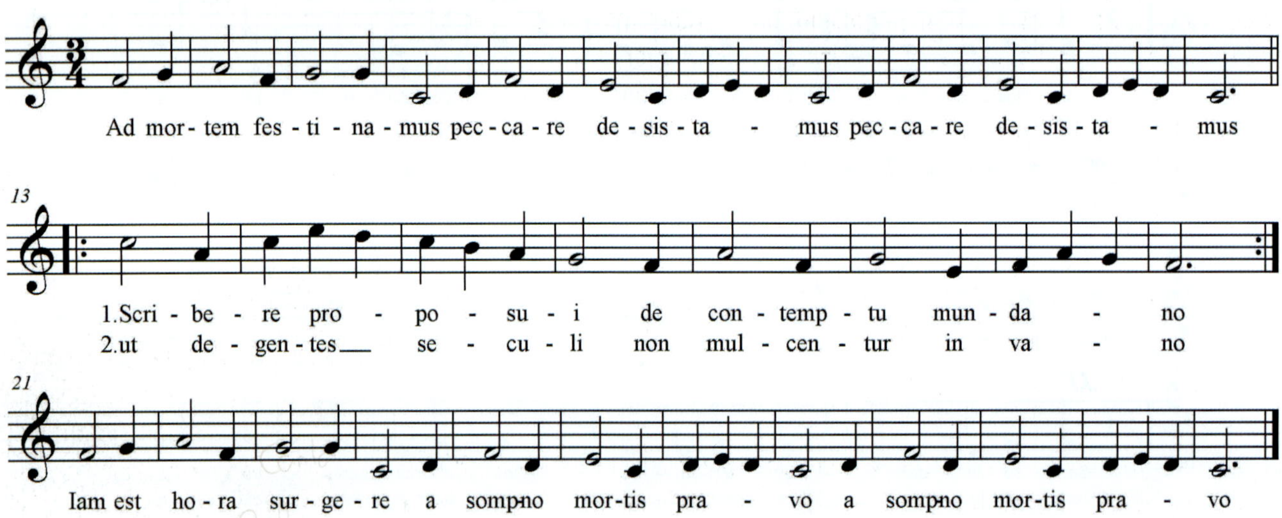

(Texto original en latín)	(Traducción)
Ad mortem festinamus peccare desistamus.	Vamos deprisa hacia la muerte, dejemos de pecar.
Scribere proposui de contemptu mundano ut degentes seculi non mulcentur in vano. Iam est hora surgere a sompno mortis pravo.	Me propuse escribir del desprecio del mundo para que, pasado el tiempo, no sean las generaciones seducidas en vano. Ya es hora de despertarnos del malvado sueño de la muerte.
Vita brevis breviter in brevi finietur mors venit velociter quae neminem veretur. Omnia mors perimit et nulli miseretur.	La corta vida se acabará en breve; la muerte, que a nadie teme, viene velozmente. Todo lo destruye la muerte y de nadie se compadece.

Investigación en red

1. Elabora, utilizando el programa PowerPoint u otro similar, una **presentación** sobre uno de los siguientes temas:

a. Edificios románicos de España, de tu Comunidad Autónoma o de tu localidad. Agrega a la presentación un ejemplo de música gregoriana.

b. Edificios góticos de España, de tu Comunidad Autónoma o de tu localidad. Agrega a la presentación un ejemplo de polifonía religiosa.

c. Edificios medievales no religiosos (castillos, palacios, etc.) de España, de tu Comunidad Autónoma o de tu localidad. Agrega a la presentación un ejemplo de música profana medieval.

@ Para ayudarte a realizar estas presentaciones, puedes acudir a las siguientes web:

- Web dedicada a las *Cantigas de santa María,* de Alfonso X *el Sabio,* y a otras músicas medievales: http://brassy.perso.neuf.fr/PartMed/Partmed.html
- Web dedicada al arte románico: www.amigosdelromanico.org
- ChoralWiki, web con un archivo de música polifónica de distintas épocas: www.cpdl.org
- Web que recoge información sobre el Camino de Santiago: www.caminosantiago.com
- Web dedicada a los castillos en España: www.castillosnet.org
- Museo virtual de pintura y escultura europea desde la Edad Media hasta el Romanticismo: http://www.wga.hu

2. Además de los coros que cantan gregoriano, otros grupos musicales hacen hoy en día música a capella. Busca información en internet sobre los siguientes grupos e indica el estilo de música que interpretan y de dónde proceden. A continuación, elabora una ficha sobre ellos con los datos principales, una imagen y un enlace a un vídeo del grupo:

B-vocal	Chanticleer
Take 6	The King Singers
Manhattan Transfer	Orfeón Donostiarra

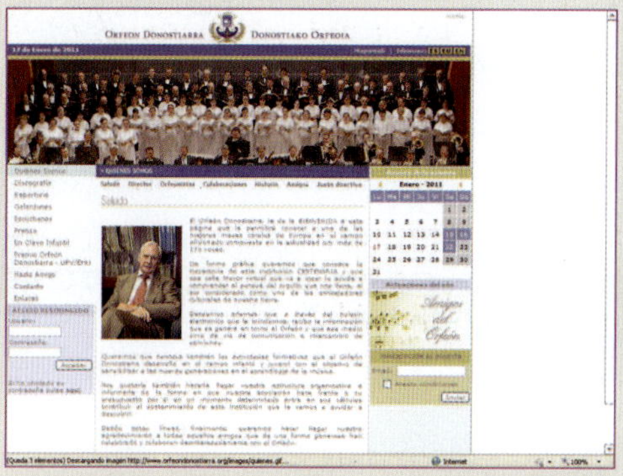

@ **3.** Bajo la denominación «música antigua» se engloban prácticamente todas las músicas anteriores al período del Barroco, en especial la música medieval. Visita la web Música antigua, www.musicaantigua.com; después, nombra y describe brevemente las actividades sobre música antigua que se desarrollan actualmente en España.

@ **4.** Realiza una visita al Museo Virtual de Instrumentos de Urueña (Valladolid): www.funjdiaz.net/museo; este museo está integrado por dos grandes colecciones creadas por los etnomusicólogos Joaquín Díaz y Luis Delgado.

Accede a las fichas de los instrumentos, donde podrás escuchar su sonido y leer su descripción:

- Busca seis instrumentos presentes en la Edad Media en España.
- Explica en qué fuentes se han basado para reconstruir los instrumentos medievales que has buscado.

ACTIVIDADES

1. Completa en tu cuaderno el siguiente mapa conceptual:

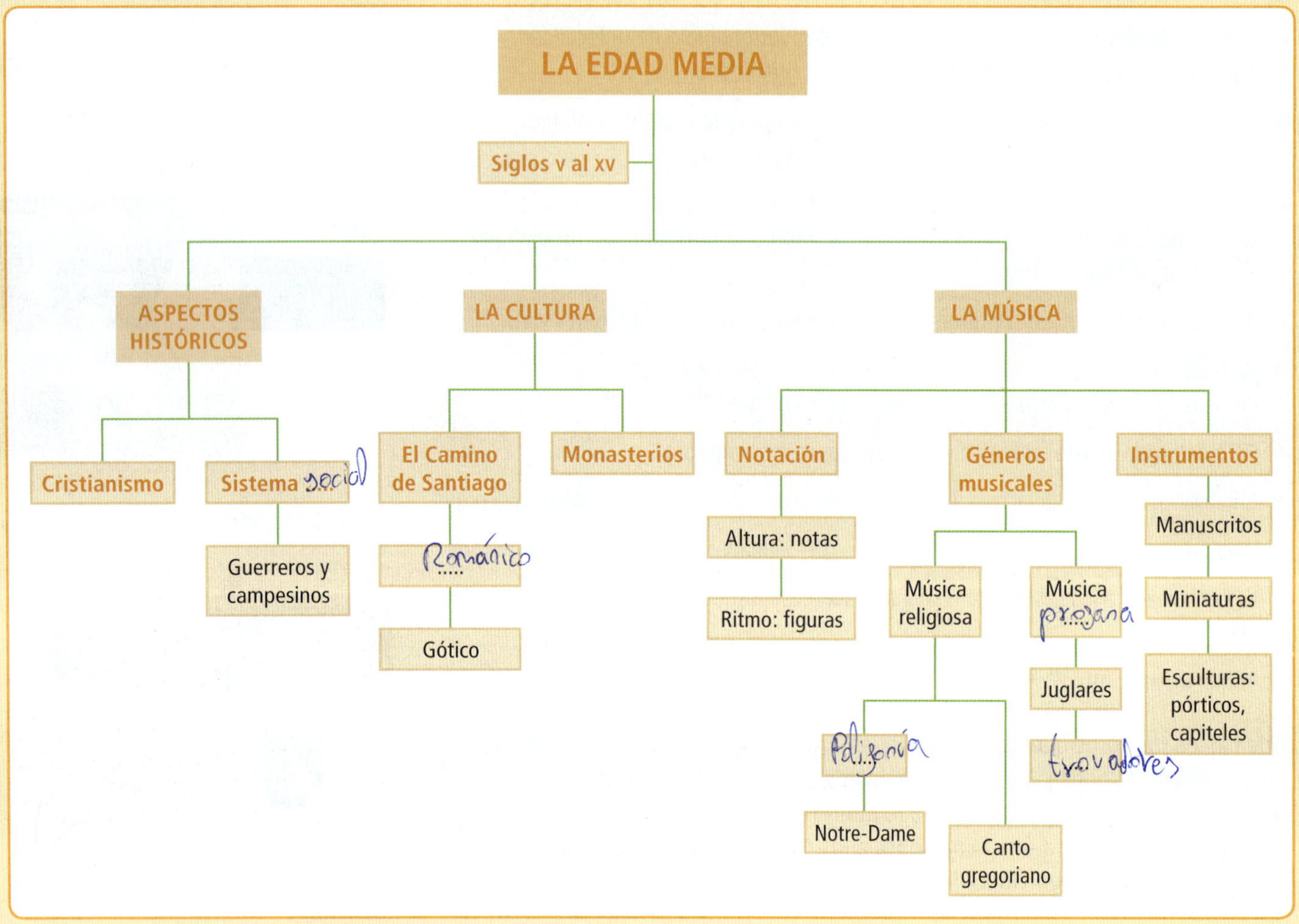

2. Completa en tu cuaderno la siguiente tabla para comparar las características de la música profana medieval con el canto gregoriano:

	MÚSICA PROFANA MEDIEVAL	CANTO GREGORIANO
Género	Cantar de gesta	Religioso
Relación música-texto	Relación silábica	Relación silábica
Ritmo	Medido	Ritmo libre
Lengua	Vernácula	Latín
Vocal / instrumental	Vocal	Vocal
Textura	monódica	monódico

ACTIVIDADES

3. Completa la primera y tercera parte de la transcripción de *Dies irae* a un pentagrama moderno.

4. Así como los cantautores pueden ser los trovadores de hoy en día, también los juglares medievales pueden ser equiparables a las orquestas de verbena que actúan de pueblo en pueblo, tocando los éxitos del momento y las canciones de siempre. Lee el siguiente texto:

> “Por mucha gira mastodóntica y agotadora de la que presuman las grandes y luminosas estrellas del pop o el rock de nuestro país, los que de verdad están dando el callo semana tras semana estos meses de verano, sin que ni siquiera nosotros nos hayamos ocupado de ellos, son nuestros grupos de verbena, las sufridas orquestas que recorren nuestra geografía rural.
>
> Las orquestas de verbena generalmente están formadas por tipos que un día quisieron ser estrellas del rock pero la cruda realidad se reveló contra sus sueños; o por eminentes músicos de música clásica que no aprobaron la oposición para la Orquesta Sinfónica; o por estudiantes necesitados de ingresos extra e independencia financiera.
>
> Los músicos de verbena (los que tocan de verdad, o los que incluso simulan tocar) se ganan con bastante dignidad su alimento, obligados a esta penosa tarea y a la de cubrirse con un vestuario hortera de camisas hawaianas y pajaritas bien planchadas. Deben asimismo esforzarse en conocer los secretos de los ritmos de salón y tener igualmente una oreja en las canciones que suenan por los Cuarenta Principales, no sea que por este medio se les cuele alguna melodía muy demandada por los lugareños.
>
> Además de eso deben vigilar estrechamente a sus respectivos representantes, entre los que a juzgar por sus comentarios abundan los espabilados, siempre intentando enviarlos a los lugares más lejanos e inaccesibles y a regatearles un plus no previsto en su ya vasta comisión.”
>
> Juan Mari Montes
> «Verbenas»
> *Tribuna de Salamanca*
> 31 de agosto de 1998

Orquesta Fórmula 8.

Miniatura de las *Cantigas de Santa María* de Alfonso X.

a) Explica con tus palabras las ideas principales que transmite el texto.

b) ¿Qué razones llevan a los músicos a formar parte de las orquestas de verbena?

c) ¿Qué otros músicos actuales serían también una versión moderna de los juglares medievales?

LA MÚSICA EN EL RENACIMIENTO

David, de Miguel Ángel.

Escultura renacentista de 1504. (Galería de la Academia, Florencia.)

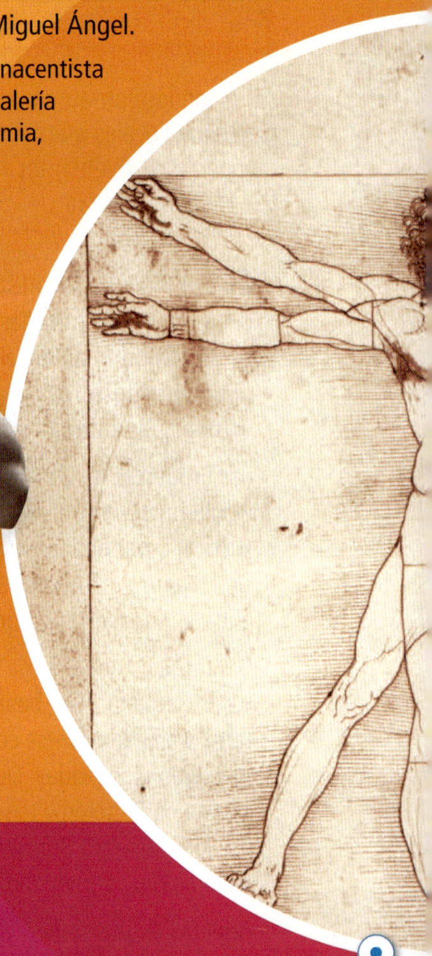

El *Hombre de Vitrubio,* de Leonardo da Vinci.

En 1487, Leonardo representó la proporción, la belleza y la simetría del cuerpo humano. Por ello este dibujo, conservado en la Galería de la Academia de Venecia, se ha convertido en un símbolo de la concepción humanística del Renacimiento.

EL RENACIMIENTO Y LA RECUPERACIÓN DE LO CLÁSICO

El término «Renacimiento» alude a la recuperación del pensamiento y las formas estéticas de la Antigüedad Clásica. El descubrimiento de restos arqueológicos griegos y romanos generó un gran interés por la Historia Antigua, que se considera en estos momentos una época dorada de la Humanidad.

Los nuevos artistas renacentistas hicieron suyos los modelos antiguos, como la búsqueda de la belleza ideal, la proporción, la armonía y la sencillez de las formas, tanto en arquitectura como en pintura y escultura.

EL RENACIMIENTO Y LA MÚSICA

La falta de fuentes musicales de la Antigüedad en las que basarse hizo que la música renacentista, en lugar de experimentar ese renacer, tomara como punto de partida los anteriores estilos polifónicos medievales. Poco a poco la música instrumental gana terreno, y ello debido a la difusión, en el siglo XVI, de los primeros libros impresos con partituras musicales.

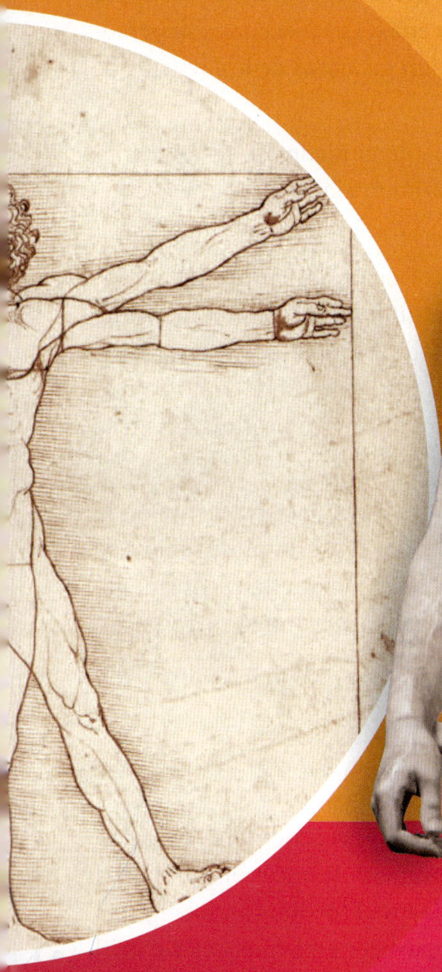

Doríforo, de Policleto.

Escultura griega del siglo V a. C. (Copia de mármol encontrada en el siglo XV en Pompeya. Museo Arqueológico Nacional de Nápoles.)

8

Escucha el «Kyrie» de la *Misa O Quam gloriosum*, de **Tomás Luis de Victoria.** Es una composición religiosa del Renacimiento español. La polifonía vocal alcanzó en este periodo su máximo esplendor.

1. Recuerda qué es la polifonía. ¿Cuándo aparece?
2. ¿Cómo se denomina la música vocal sin acompañamiento instrumental?
3. ¿Qué conoces sobre el arte del Renacimiento? ¿Conoces algún pintor, escultor, arquitecto o músico de esta época?
4. ¿Qué supuso para la música la invención de la imprenta?

1. Renacimiento, humanismo y religión

Retrato de Giovanna Tornabuoni, de Domenico Ghirlandaio (1489). Museo Thyssen-Bornemisza (Madrid). La familia florentina Tornuaboni practicó con profusión el mecenazgo y el encargo de importantes obras de arte.

A finales del siglo xv se produjeron cambios importantes en la sociedad europea que llevaron al final de la Edad Media y al nacimiento de una nueva era: la **Edad Moderna.**

Se conoce como **Renacimiento** al período histórico que se desarrolla en Europa durante los siglos xv y xvi, en los cuales se produjeron importantes avances tecnológicos y científicos, como la invención de la imprenta en 1434 (que supuso una revolución en la transmisión del conocimiento) y la formulación de las primeras teorías heliocéntricas. Además tienen lugar grandes descubrimientos geográficos, como el de América en 1492.

Artísticamente es también una etapa muy fructífera. El artista renacentista suele ser polifacético y está protegido por un **mecenas.** Los mecenas son personas o instituciones con mucho poder que financian las obras de los artistas de manera altruista.

Del sistema feudal medieval se pasa a un sistema de ciudades en las que aparece una clase media burguesa dedicada principalmente al comercio y a la artesanía.

A lo largo de todo el Renacimiento predominará el **Humanismo,** un movimiento cultural, laico y antropocéntrico que surgió en Italia a mediados del siglo xiv y que después se extendió por el resto de Europa. Los humanistas son hombres de ciencias y de letras, interesados por el hombre como centro de la creación y por los avances en el conocimiento que se produjeron en la Antigüedad Clásica.

En el siglo xvi tuvo lugar un cisma religioso que influyó decisivamente en la sociedad renacentista. El monje alemán **Martín Lutero** (1483-1546) se separó de la Iglesia, y llevó a cabo la **Reforma Protestante.** De esta manera, el continente quedará dividido en dos bandos, el católico y el protestante, que se enfrentarán en sucesivas guerras a lo largo de los siglos xvi y xvii.

Escena de danza, de Baccio Baldini (grabado de la segunda mitad del siglo xv). Posiblemente, Baldini trabajó para la poderosa familia de los Tornuaboni.

La música del Renacimiento

La **música vocal polifónica** alcanzó su cumbre en el Renacimiento. El desarrollo de la armonía y la superposición de un gran número de voces originan una sonoridad plena y mucho más grandiosa que en la Edad Media. Tanto la iglesia católica como la protestante desarrollan sus propios géneros musicales con el fin de honrar a Dios y atraer a los fieles.

La **música profana** se interpreta en ámbitos profesionales (en la Corte, festividades civiles, etc.) y, cada vez más, en el ámbito doméstico: en muchos hogares se emplea el laúd, la vihuela o el clavicémbalo acompañando el canto o como instrumentos solistas.

Las **danzas renacentistas** eran interpretadas por instrumentos solistas o pequeños conjuntos instrumentales. A través de ellas, los compositores comenzaron a explorar las posibilidades de las formas puramente instrumentales. La allemande, la basse-danse, el branle, el canario, la courante, la gallarda o la pavana se bailaban en los salones de la nobleza y de la burguesía de toda Europa.

DOCUMENTOS PARA UNA ÉPOCA. LA MÚSICA Y LA RELIGIÓN DURANTE EL RENACIMIENTO

La Reforma y la música

El padre del protestantismo, **Lutero,** explica en el siguiente texto cuál es la **función de la música en su Iglesia** y cómo esta ha de concebirse.

“Ningún cristiano desconoce, a mi entender, que cantar himnos religiosos es una cosa buena y grata para el Señor; ya que de todos es conocido, no solamente el ejemplo de los profetas y de los soberanos del Antiguo Testamento (los cuales glorificaban a Dios cantando himnos y tocando todo tipo de instrumentos de cuerda) sino también aquella costumbre especial de la mayoría de los cristianos de cantar salmos desde el principio. [...] Por lo tanto, para empezar bien y animar a los que pueden hacerlo mejor, he reunido ciertos cantos espirituales para difundir por todas partes y promover el evangelio, que ahora por gracia de Dios ha recobrado fuerza. [...]

Hemos decidido seguir el ejemplo de los profetas y los padres de la Iglesia, y escribir himnos alemanes para los alemanes.”

Martín Lutero, «Prólogo» de los *Libro de cantos espirituales* (1524)
En Grout-Palisca, *Historia de la música occidental.* Alianza

Retrato de Martín Lutero, de Cranach el Viejo (1529). Galería de los Uffizi (Florencia).

1. Indica en el texto dónde se citan los objetivos de la música religiosa, según Lutero.
2. ¿Con qué fin Lutero ha decidido cantar en alemán para los alemanes? Justifica tu respuesta.

La Contrarreforma y la música

La reacción católica al protestantismo se llevó a cabo durante el **Concilio de Trento** (1545-1563). En lo referente a la música se decidió establecer la misa como parte central de la liturgia, eliminar cualquier influencia de la música profana, continuar componiendo en latín y mejorar la inteligibilidad de los textos. A este último aspecto se refiere el músico italiano **Vincenzo Galilei** (1520-1591), que de manera explícita critica el estilo excesivamente contrapuntístico que muchos compositores habían desarrollado.

“No tiene nada de curioso ni de ingenioso el contrapunto moderno [...] La polifonía superpone diversas palabras y melodías sin tener en cuenta que, al mismo tiempo que una de esas partes canta las palabras iniciales, otra parte canta las del medio o las del final. [...] Las técnicas artificiosas que con tanta destreza investigan los contrapuntistas de nuestro tiempo, con el fin de halagar los oídos, representan un enorme impedimento al objeto de conmover el ánimo, el cual, ocupado y más o menos atrapado en las redes del placer, no dispone de tiempo para entender ni tomar en consideración las palabras mal pronunciadas.”

Vincenzo Galilei, *Dialogo della musica antica e della moderna* (1581)
En Enrico Fubini: *La estética musical desde la Antigüedad hasta el siglo XX.* Alianza

Cantoría de la catedral de Florencia (detalle), de Luca Della Robia (1431).

3. Extrae una idea principal para ambos textos.
4. ¿Cuál es el reproche que hace Galilei a los contrapuntistas?
5. ¿Cómo podría resolverse el problema de la comprensión del texto litúrgico?

2. Un coral frente a un motete

Música y texto

La relación entre la música y el texto puede ser de dos tipos: **silábica** y **melismática.** En la relación silábica a cada sílaba del texto le corresponde una nota de la melodía. En la relación melismática a cada sílaba del texto le corresponden varias notas de la melodía.

13 **Escucha** este coral alemán *Wach auf, wach auf, du deutsches Land*, de **Johann Walter** (1496-1570), contemporáneo de Lutero. Se trata de una composición vocal a cuatro voces en lengua vernácula (alemán). Como puedes ver, su textura es **homofónica:** todas las voces se mueven en bloque con el mismo ritmo. La relación del texto con la música es **silábica.** Su texto ('Despierta, despierta, pueblo alemán; ya has dormido suficientemente') es un llamamiento del recién creado protestantismo a los fieles alemanes.

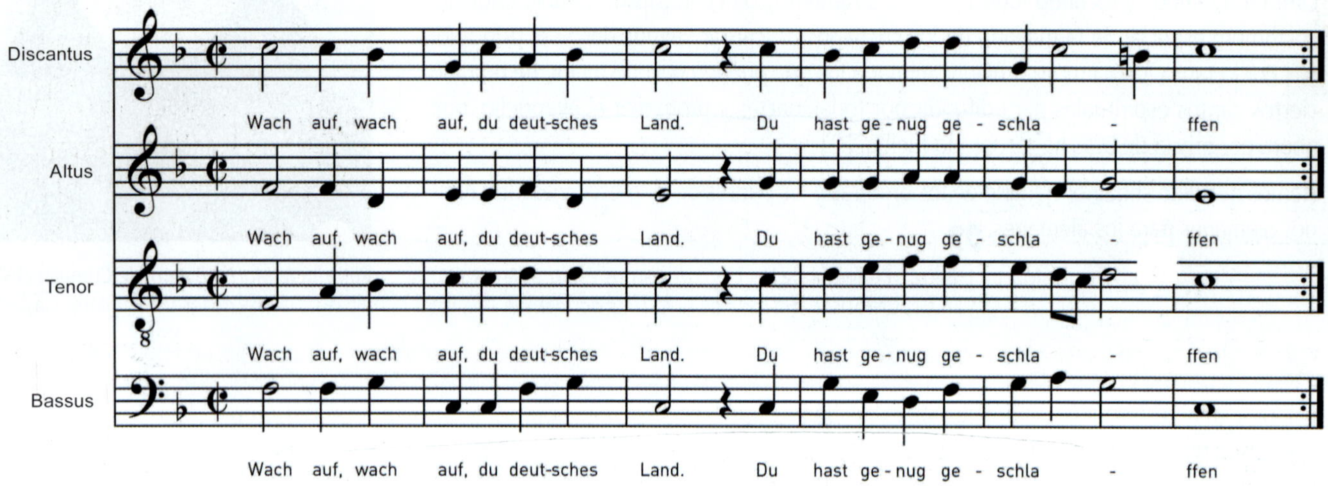

14 **Escucha** el motete *Ave Maria* de **Josquin des Prez** (1455-1521). El motete es, junto a la misa, el género paradigmático de la música católica renacentista. Se trata de una pieza vocal a cuatro voces en latín. Su textura es contrapuntística: las voces entran de manera sucesiva y son independientes. Utiliza el **estilo imitativo:** una melodía se repite en otro momento distinto y en otra voz, a veces incluso en otra altura diferente. La relación del texto con la música es silábica, y en ocasiones **melismática. Observa** el *Ave Maria:*

6. Realiza una tabla con las similitudes y diferencias entre el coral protestante y el motete.

3. La música vocal profana. El villancico

15 **Escucha** el villancico *¡Ay triste que vengo!*. El villancico es el género más importante de la música vocal profana española del Renacimiento. Se canta a varias voces de manera homofónica con acompañamiento instrumental. Trata temas muy variados: amorosos, históricos, pastoriles, satíricos y filosóficos. El músico **Juan del Enzina** (1468-1529) fue el principal compositor de villancicos en España y uno de los más relevantes de la música profana del Renacimiento. *¡Ay triste que vengo!* es uno de sus villancicos más conocidos.

Observa su estructura musical **A – B – B – A** mientras lo **escuchas.**

A		**Estribillo** «Ay triste que vengo vençido de amor, magüera pastor. [...]
B		**Coplas** Más sano me fuera no ir al mercado [...]
B		Que no que viniera Tan aquerençiado [...]
A		**Estribillo** Que vengo cuitado [...] vençido de amor, magüera pastor. [...]»

Dúo de arpa y laúd. Grabado de Israhel van Meckenem (1490). Metropolitan Museum of Art (Nueva York).

Aunque la música religiosa seguía teniendo una importancia preponderante, la **música profana** continúa ganando terreno durante el Renacimiento, debido al espíritu más laico de la nueva sociedad.

Junto al villancico español aparecen nuevos géneros vocales profanos, como la **chanson** francesa, el **madrigal** italiano y el **ayre** inglés.

Los diferentes géneros profanos presentan las siguientes características:

a. Son piezas polifónicas vocales a tres o cuatro voces.

b. Alternan texturas homofónicas con texturas contrapuntísticas.

c. Están escritos en lenguas vernáculas y a veces las melodías tienen carácter popular.

d. A menudo, la música intenta imitar el significado del texto.

7. Escucha el villancico y explica cómo es su textura.

8. ¿En qué idioma está escrito el texto?

9. Resume brevemente el contenido del texto y busca en internet el contexto en que se desenvuelven estos temas.

4. La música instrumental: la vihuela y el órgano

La interpretación de música instrumental en los ámbitos profanos queda reflejada en las numerosas crónicas de sociedad de la época, que relatan con detalle la presencia y función de este tipo de música en todo tipo de actos civiles como fiestas, bodas, torneos, banquetes, etcétera. Se compuso música para **laúd**, **vihuela**, instrumentos de **teclado** y agrupaciones de **cámara.**

Escucharemos una canción española del siglo XVI titulada *Guárdame las vacas*. A partir de este tema popular, se compusieron numerosas variaciones instrumentales llamadas **diferencias.** Te presentamos la canción original y dos versiones de las diferencias sobre el *Guárdame las vacas*.

- 9 Canción original y primeras diferencias para vihuela, de **Luis de Narváez** (h. 1500-1560).
- 10 Las segundas diferencias sobre el *Guárdame las vacas* fueron compuestas por **Antonio de Cabezón** (1510-1566) para órgano.

La **diferencia** es un género consistente en variaciones más o menos complejas sobre un tema popular. Otros géneros instrumentales del renacimiento se basan en la improvisación **(tiento, fantasía)** o en la adaptación para instrumentos del repertorio vocal **(canzona).**

La **vihuela** fue un instrumento muy popular en la España renacentista. No se necesitaban muchos conocimientos musicales para poder tañer la vihuela, por lo que se escribieron métodos para aficionados muy parecidos a los que ahora podemos encontrar para aprender a tocar la guitarra. La vihuela tenía seis órdenes de cuerdas de tripa. Al final del siglo XVI decayó ante la guitarra de cinco órdenes, que se impondría en toda Europa con el nombre de guitarra española.

El **órgano** renacentista experimentó una serie de mejoras respecto al órgano medieval. Las teclas se hicieron más largas y sensibles al tacto. Los teclados se extendieron hasta abarcar cuatro octavas y los fuelles aumentaron su capacidad de bombeo de aire.

Obras para teclado, arpa y vihuela, de Antonio de Cabezón (1570). Ciego desde muy pequeño, Cabezón es considerado como uno de los grandes instrumentistas de su tiempo. Fue músico de cámara de Carlos I y de Felipe II.

La **tablatura** era un sistema de notación específico para instrumentos de cuerda con trastes, como vihuelas y laudes. En una tablatura se indicaba qué traste y cuerda del instrumento debían presionarse en cada momento del compás.

Florindo Baldissera tocando la vihuela.

Órgano de Salinas. Salamanca. Siglo XVI.

10. Intenta reconocer el tema de la canción *Guárdame las vacas* en las diferencias de Narváez y de Cabezón.

LAS CANCIONES PROFANAS

La siguiente partitura pertenece a una melodía profana que gozó de gran popularidad entre los compositores renacentistas: ***L'homme armé.*** Esta melodía fue empleada en numerosas misas desde mediados del siglo XV. **Interpreta** con flautas y voz esta obra:

San Jorge y el dragón, de Rafael (1508). National Gallery of Art, Washington.

El hombre armado

“El hombre armado debe ser temido, se ha mandado decir por todas partes que cada hombre debe armarse con una loriga de hierro.”

Interpreta, cantando la voz superior, con flautas y xilófono, el siguiente arreglo del villancico ***¡Ay triste que vengo!,*** que hemos escuchado anteriormente.

Ay triste que vengo
vençido de amor,
magüera pastor.

Más sano me fuera
no ir al mercado
que no que viniera
tan aquerençiado.

Que vengo cuitado
vençido de amor,
magüera pastor.

Di jueves en villa
viera una doñata.
Quise requerilla
y aballó la pata.

Aquella me mata
vençido d'amor,
magüera pastor.

Con vista halagüera
miréla y miróme.
Yo no sé quien era
mas ella agradóme.

Y fuese y dejóme
vençido d'amor,
magüera pastor.

De ver su presencia
quedé cariñoso.
Quedé sin hemencia,
quedé sin reposo.

Quedé muy cuidoso
vençido d'amor,
magüera pastor.

5. La danza en el Renacimiento

Danza campesina, de Pieter Brueghel el Viejo (1568). Kunsthistorisches Museum, Viena.

En el Renacimiento la **danza** ocupa un lugar primordial en las cortes palaciegas. Bailar formaba parte de la actividad social de príncipes y nobles. En las fiestas que se celebraban en las cortes se alternaban danzas lentas y ceremoniosas como la **pavana** o la **basse danse**, de compás binario, con otras rápidas y de carácter alegre como la **gallarda** o el **saltarello**, de compás ternario.

Otra danza muy popular en esta época es el **branle:** de origen campesino, se bailaba en corro y se solía interpretar con flautas y otros instrumentos de viento y percusión.

Interpreta la pavana ***Belle que tiens ma vie*** ('Bella, dueña de mi vida') del francés **Thoinot Arbeau** (1520-1595) con flautas y un pandero. La cuarta voz la podéis interpretar también con un xilófono o metalófono grave.

LA DANZA EN EL RENACIMIENTO

Interpreta este **saltarello** del alemán **Tielman Susato** (h. 1510-1570) con flautas, xilófono bajo y pandero. Presta atención al compás ternario.

Interpreta el ***Branle des lavandières*** ('Branle de las lavanderas') de **Arbeau** con flauta y percusión.

EL BRANLE DES LAVANDIÈRES

16 **Escucha** el *Branle des lavandières* ('Branle de las lavanderas'). Los **branles** eran danzas que se bailaban en pareja o en círculo realizando una coreografía de movimientos laterales hacia la izquierda y la derecha. Muy de moda durante los siglos XVI y XVII, un branle podía tener ritmo binario o ternario.

Para bailar la danza es preciso formar un corro. Cogidos de la mano, cada dos personas forman una pareja. Los pasos se mueven a ritmo binario, uno cada blanca.

En la web http://memory.loc.gov/ammem/dihtml/ divideos.html#vc046 podrás visualizar cómo se baila el branle.

Compases 1 - 4

1. Desplazamos el pie izquierdo a la izquierda y juntamos el pie derecho.
2. Repetición.
3. Desplazamos el pie derecho a la derecha y juntamos el pie izquierdo.
4. Repetición.

Estos cuatro pasos se repiten dos veces.

Compases 1 a 2.

Compases 5 - 6

1. Desplazamos el pie izquierdo. Un miembro de la pareja hacia dentro del círculo y otro hacia fuera del círculo: los miembros de la pareja quedan enfrentados.

Compases 5 y 6.

2. Juntamos el pie derecho.
3. Desplazamos el pie derecho. Un miembro de la pareja hacia fuera del círculo y otro hacia dentro.

Compases 5 y 6.

4. Juntamos el pie izquierdo.

Compases 5 y 6.

Durante estos cuatro pasos los dos miembros de la pareja quedan enfrentados. Soltamos las manos y nos balanceamos con los brazos en jarra durante los cuatro pasos. Estos dos compases se repiten dos veces. Al final de estos pasos volvemos a la posición de círculo, pero sin darnos las manos.

Compases 7 - 14

1. Desplazamos el pie izquierdo a la izquierda y juntamos el pie derecho.
2. Repetición.

Compases 7 a 14.

Durante estos cuatro pasos palmeamos.

1. Desplazamos el pie derecho a la derecha y juntamos el pie izquierdo.
2. Repetición.

Durante estos cuatro pasos volvemos a darnos las manos.

1. Desplazamos el pie izquierdo a la izquierda y juntamos el pie derecho.
2. Repetición.

Soltamos las manos y, durante estos cuatro compases, damos palmas.

1. Pie izquierdo en el aire.
2. Pie derecho en el aire.
3. Pie izquierdo en el aire.
4. Saltamos y caemos con los pies juntos.

Compases 7 a 14. Giro.

Compases 7 a 14. Giro.

Compases 7 a 14. Fin con démi-plié.

Durante estos últimos cuatro pasos, cada bailarín va saltando y girando hacia la izquierda con los brazos en jarras hasta dar la vuelta completa. Después del salto, nos damos las manos para volver a empezar.

La edición digital de partituras

En el Renacimiento las primeras técnicas de impresión musical eran complejas, costosas y los resultados no siempre eran los deseados.

Hoy en día hay programas informáticos con los que podemos **editar partituras** de forma sencilla y con mucha calidad. Además nos permiten escuchar la música que vamos escribiendo en el pentagrama. Estos editores de partituras se han convertido en elementos de gran utilidad no solo para el aprendizaje del lenguaje musical, sino también para la composición de obras nuevas y la transcripción de partituras.

Uno de los mejores editores online se llama **Noteflight.**

Vamos a **editar** una partitura con este programa siguiendo unas sencillas instrucciones.

@ Noteflight:
www.noteflight.com

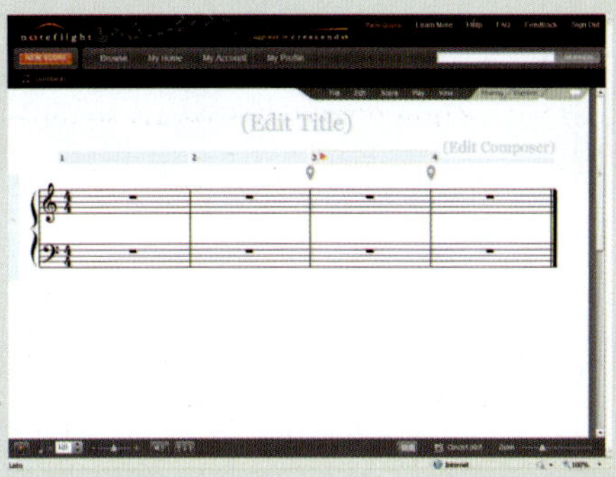

1. Con la ayuda de tu profesor, crea una cuenta gratuita.
2. Accede al programa con tu nombre y contraseña y selecciona **New score** (partitura nueva). Elige si quieres compartir tu partitura con otros usuarios —**Shared**— o no —**Private**—.
3. Aparecen por defecto dos pentagramas para piano. Selecciona el inferior (clave de fa) haciendo clic en la barra vertical que aparece a la izquierda del pentagrama. Elimínalo pulsando la tecla de borrado (Supr) del teclado de tu ordenador.
4. Haz clic sobre el compás para cambiar de cuatro por cuatro (que aparece por defecto) a tres por cuatro. Aparece un cuadro de cambio de compás en el que se puede modificar el numerador y el denominador del compás.
5. Añade compases pulsando el símbolo + que aparece sobre las líneas divisorias (fig. 1).

Figura 1

6. Empieza a escribir notas y figuras. Haz clic en el primer compás y aparecerá la paleta de figuras y silencios (fig. 2). Selecciona la figura o silencio que quieras. Vuelve sobre el primer compás y mueve el cursor arriba o abajo hasta encontrar la nota que desees. La nota o silencio en rojo es el elemento que se está editando y puede modificarse. Para editar la nota o silencio siguiente pulsa la flecha derecha del teclado o haz clic con el ratón sobre ella.

Figura 2

7. Para copiar un compás o una sección mayor selecciona haciendo clic sobre el compás —arrastrando hasta donde concluya la sección si se trata de más de un compás— y selecciona en el menú principal **Edit-Copy** (o pulsa Ctrl-c). Para pegar lo que has copiado, coloca el cursor en el punto de la partitura que desees y selecciona en el menú **Edit-Paste** (o pulsa Ctrl-v).
8. Para escuchar lo que vas escribiendo pulsa el símbolo **Play** que encontrarás en la parte superior de cada compás. Puedes reproducir la música desde cualquier compás de la partitura. Para cambiar el instrumento selecciona todo el pentagrama y busca en el menú principal **Score-Change Instrument.** Aparece un cuadro con una lista de instrumentos para que selecciones el que desees.

- Te proponemos que edites la conocida melodía renacentista *Greensleeves:*

ACTIVIDADES

1. Completa en tu cuaderno el siguiente mapa conceptual:

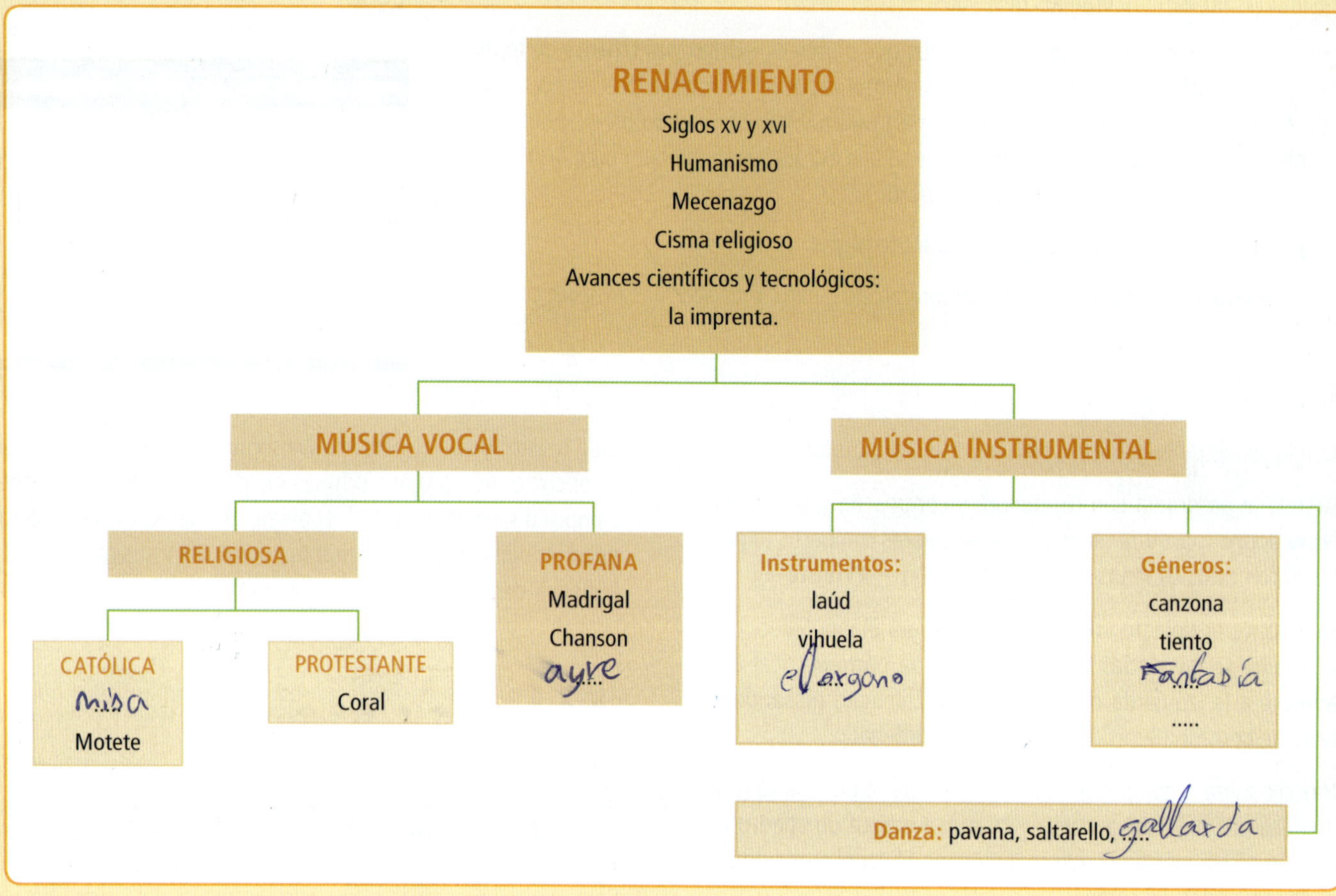

2. Copia el crucigrama en tu cuaderno y después complétalo:

Horizontales

1. Género vocal religioso protestante.
2. Instrumento de cuerda pulsada muy popular en la España del Renacimiento.
3. Persona poderosa que protege a los artistas y financia sus obras.
4. Danza ceremonial, lenta y binaria.

Verticales

1. Los géneros religiosos católicos más importantes son la misa y el...
2. Invento del alemán Gutenberg que revolucionó el mundo de la cultura y de la ciencia.
3. Famoso organista español.
4. Idioma que utiliza la música católica contrarreformista.

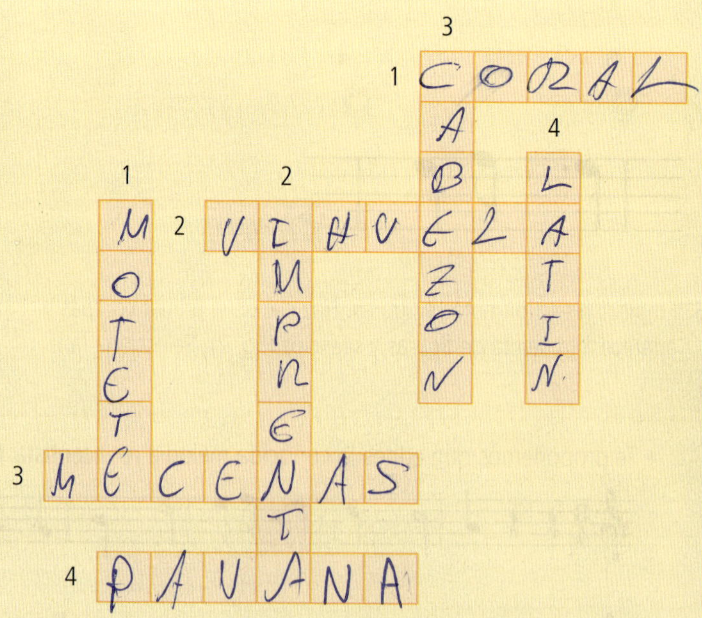

ACTIVIDADES

3. Completa las notas y figuras que faltan en el madrigal ***Fair Phyllis*** ('Bella Phyllis'), de 1599, teniendo en cuenta que utiliza la técnica del **contrapunto imitativo.**

17

4. Escucha *Fair Phillys* y observa cómo el movimiento de la melodía va apoyando el significado del texto ('Arriba y abajo caminó...'). Este recurso recibe el nombre de **madrigalismo.** Para ello:

a) Indica cómo es la dirección de la melodía.

b) Lee las notas.

c) Recita sin entonar el texto, adecuándolo al ritmo de la melodía.

d) Busca información en internet y escribe un breve texto sobre el madrigal.

5. Lee el siguiente texto y después contesta las preguntas:

— Levanta, Pascual, levanta,
aballemos a Granada,
que se suena qu'es tomada.

Levanta, toste priado,
toma tu perro y çurrón,
tu çamarra y çamarrón,
tus albogues y cayado.
Vamos ver el gasajado
d'aquella ciudad nombrada,
que se suena qu'es tomada.
[...]

— ¡O qué reyes tan benditos!
Vámonos, vámonos yendo,
que ya te voy percreyendo
según oyo grandes gritos.
Llevemos estos cabritos
porque havrá venta chapada,
que se suena qu'es tomada.

Juan DEL ENZINA
Poesía lírica y cancionero musical
Castalia

a) Identifica sus partes.

b) ¿En qué idioma está escrito? Busca el significado de las palabras que no entiendas.

c) ¿A qué tipo de pieza musical vocal puede pertenecer?

d) ¿Cuál es la temática?

e) ¿A qué importante hecho histórico hacer referencia?

6. Escribe una redacción con lo que quiso transmitir Lutero con esta frase: «Quien canta, reza doblemente».

TALLER DE CREACIÓN I

La composición de melodías para una danza

En la música de **danza del Renacimiento** que acabamos de ver se produce una novedad importante que se consolidará en el Barroco: se comienza a pensar en la música como una melodía acompañada por acordes. Las notas de la melodía se eligen en función de su buena sonoridad respecto al bajo o, como diríamos hoy, en función del esquema armónico de la obra. Las danzas se basan en una línea de bajo a la que corresponden una serie de acordes.

Os proponemos componer melodías para una danza, utilizando materiales característicos de la música renacentista. En **cuatro pasos** vuestra obra estará acabada:

Paso 1

Seleccionad el bajo de danza en el que os vais a basar. En el Renacimiento los más frecuentes son el **passamezzo antiguo** (1), la **romanesca** (2), la **folía** (3) y el **passamezzo moderno** (4).

1

2

3
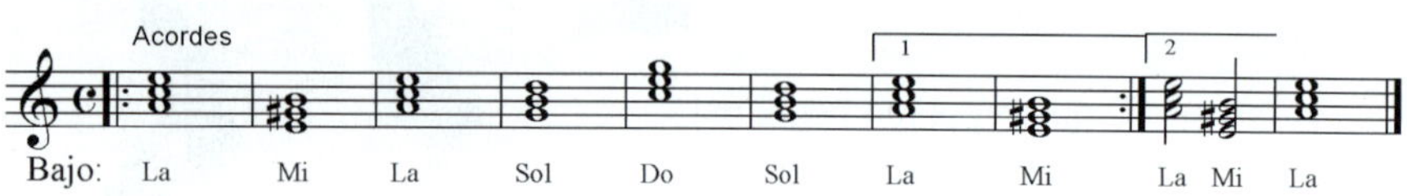

4
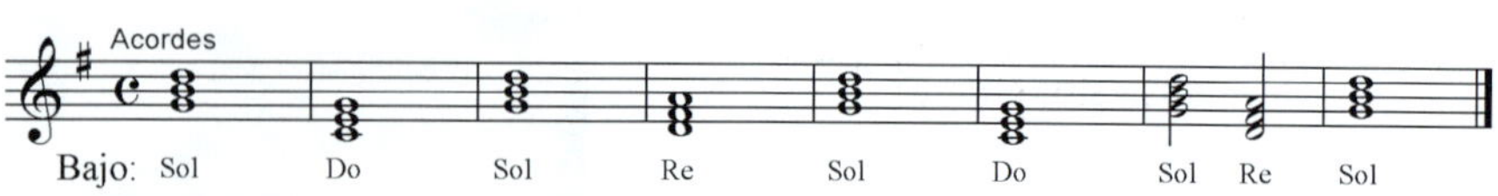

Recuerda que un **acorde** es un conjunto de tres sonidos simultáneos ordenados por terceras.

Para nuestro ejemplo utilizaremos el bajo de la **folía.**

Paso 2

Cread una melodía a base de notas largas —una por compás— que se mueva, preferentemente, por grados conjuntos y cuyas notas pertenezcan a los acordes que tienen debajo. Esta melodía será el *esqueleto* de nuestras posteriores invenciones: en todas ellas mantendremos siempre invariable la primera nota de cada compás. **Observa** el ejemplo de la **folía.**

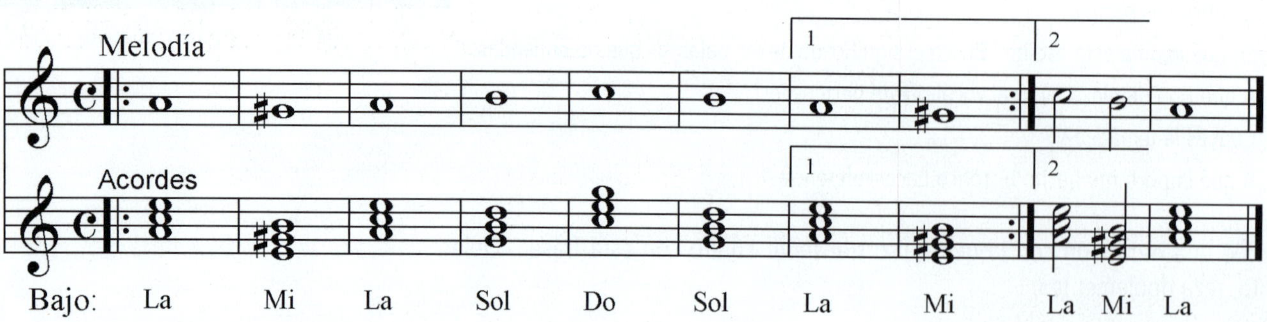

Paso 3

Partiendo de vuestro esqueleto, cread variaciones sobre la melodía utilizando los recursos habituales de los compositores de música instrumental del Renacimiento:

1. **Ornamentos de una sola nota.** Adornos que utiliza la nota principal y la superior o inferior a ella. En la armonía posterior, esa nota superior o inferior añadida se llama **bordadura.**

2. **Pasajes.** Fórmulas con notas cortas que conectan una nota con la otra. En la armonía posterior, la nota situada entre dos notas del acorde se llama **nota de paso.** En los pasajes pueden aparecer otras notas del acorde.

Observa un ejemplo sencillo que utiliza únicamente blancas y negras:

Paso 4

Crea una melodía con un sentido musical. Por ejemplo, utiliza un motivo rítmico de dos compases que se repita en toda la variación.

Estos bajos y su serie de acordes se han empleado desde el Renacimiento hasta la actualidad en obras de estilos muy distintos.

@ **Observa** la melodía escrita por el compositor Vangelis para la película ***1492, La Conquista del Paraíso,*** basada también en la folía (www.youtube.com/watch?v=JOUEfB7u4_4), y escríbela en tu cuaderno.

a) ¿Qué pequeñas variaciones encuentras respecto al esquema original de la danza?

b) Analiza las notas de la melodía, situando sobre cada una *a* —nota del acorde—, *b* —bordadura— o *p* —nota de paso—.

d) ¿Cuál es el motivo rítmico que se repite?

LA MÚSICA EN EL BARROCO

Desposorios místicos de santa Catalina, de Herrera el Viejo (1615). Museo de Bellas Artes de Sevilla.

La pintura de la época nos ha dejado detalladas descripciones de los instrumentos y de la vida musical.

AVALANCHA SONORA

Las catedrales españolas, durante los siglos XVII y XVIII, contaban con un amplio grupo de músicos profesionales, instrumentistas y cantantes para acompañar las celebraciones. A menudo, se utilizaban varios coros situados en diferentes partes del templo para crear un efecto sobrenatural y envolvente.

¿QUÉ SIGNIFICA BARROCO?

El término *barroco* tiene dos posibles orígenes: portugués o italiano. Ambas etimologías sugieren connotaciones de extraño, antinatural o deformado. Rousseau escribió en la *Eciclopedia* (1776) que la música barroca posee una «armonía confusa, cargada de modulaciones y disonancias, el canto duro y poco natural, la entonación difícil y el movimiento antinatural». Este matiz peyorativo de barroco se mantendrá hasta comienzos del siglo XX.

Apolo y Dafne, de Bernini (1621). Galería Borghese (Roma).

Expresión y movimiento son dos cualidades del arte barroco.

11

Escucha el madrigal *Zefiro torna*, de **Claudio Monteverdi.** El Barroco comienza a principios del siglo XVII. Es la época de Monteverdi (1567-1643), que plasmó mejor que nadie un interés común en todos los músicos: hacer que la voz fluyera más independiente y más natural. Cantar como se habla, esta era una gran preocupación estética. Por ello, la melodía adquiere importancia e independencia.

1. ¿Qué voces reconoces en *Zefiro torna*?
2. ¿Puedes marcar los acentos de este madrigal?
3. ¿Qué predomina en *Zefiro torna:* la repetición o la variación?
4. ¿Qué función tiene el bajo en un grupo de rock?

1. El Barroco

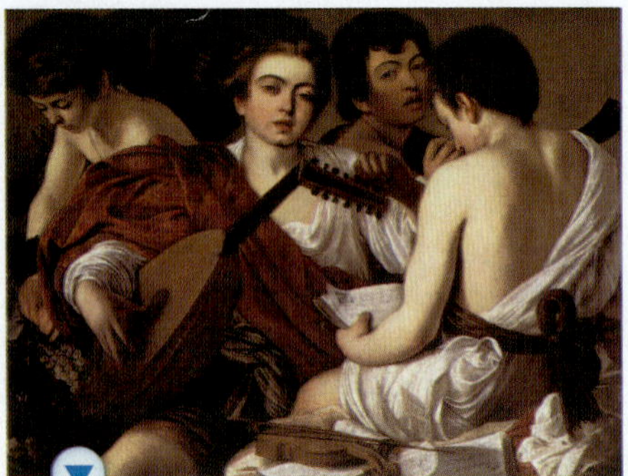

El concierto de jóvenes, de Caravaggio (1595). Metropolitan Museum of Art (Nueva York).

Retrato de Monteverdi, de Domenico Fetti (1620). Galería de la Academia (Venecia).

Monteverdi está enterrado en la iglesia de Santa Maria dei Frari de Venecia, ciudad en la que trabajó y murió.

El Barroco se desarrolló durante el siglo XVII y la primera mitad del siglo XVIII.

Fue una época marcada por las guerras en Europa, sobre todo religiosas, entre católicos y protestantes. Además, se consolidaron los Estados nacionales, España comenzó su decadencia y emergieron como potencias Francia e Inglaterra. En Europa, los Estados estaban organizados como monarquías absolutas.

En la economía, se desarrolló el mercantilismo: se concedió gran importancia al comercio internacional y los Estados medían su riqueza por la cantidad de oro y plata que acumulaban. A su vez, las desigualdades sociales se acentuaron y creció la población empobrecida, como sucedió en España.

Frente a esta situación de crisis general, se produjo un florecimiento artístico y científico. En las artes visuales destacaron **Rubens, Velázquez, Rembrandt, Caravaggio, Bernini** y **Borromini.** España vivió el Siglo de Oro de la literatura, y figuras como **Newton, Descartes** y **Leibniz** hicieron avanzar la ciencia y el pensamiento.

Respecto a la música barroca, **dos acontecimientos** simbolizaron su comienzo y su final: el estreno de la ópera *Orfeo* de **Claudio Monteverdi,** en 1607, y la muerte de Johann Sebastian Bach en 1750. En este siglo y medio, la música evolucionó hasta tal punto que las obras de Monteverdi poco tienen que ver con las de Johann S. Bach.

Una de las funciones principales de la música fue la **exhibición del esplendor:** la Monarquía y la Iglesia utilizaron las artes para simbolizar su autoridad como representantes del poder de Dios en la tierra. La **ópera** fue el género cortesano por excelencia: en sus comienzos estuvo restringida a la nobleza, aunque más tarde llegaría a la burguesía ciudadana.

Casi todos los músicos trabajaban para mecenas o para instituciones: **Antonio Vivaldi** (1678-1741) en un internado femenino, o **Johann S. Bach** (1685-1750) para las iglesias de Alemania. **Georg Friedrich Haendel** (1685-1759) fue un caso excepcional de compositor-empresario que invertía su propio dinero, con el riesgo que esto suponía, en la producción de sus óperas y oratorios en Londres.

Además, existían las **academias.** Estas eran sociedades privadas que comenzaban tímidamente a organizar conciertos públicos de pago y a encargar obras a los compositores y a los músicos, algunos muy bien pagados y organizados en gremios. En cuanto a su formación, los músicos de esta época aprendían su oficio al lado de algún reconocido maestro: el más famoso fue Johann S. Bach.

Los grandes músicos del Barroco no tenían reparos en utilizar ideas de otros compositores, e incluso utilizaban varias veces sus propias composiciones cambiándoles el nombre. «Lascia ch'io pianga», de Haendel, que estudiaremos en esta Unidad, procede de una zarabanda del mismo compositor, pero además Haendel la reutilizó en otra ocasión para un oratorio religioso. Por toda Europa circulaban en el siglo XVII **ediciones plagiadas** de las partituras de Haendel y otros músicos de éxito. Ello originó las primeras batallas en torno a los **derechos de autor.**

Derechos de autor

Los conceptos **«derechos de autor»**, «copyright», o «propiedad intelectual» empezaron a ser regulados por ley en el siglo XVIII.

@ **1.** Busca información sobre algún compositor del Barroco y compara su situación con algún músico de la actualidad: aprendizaje, ingresos económicos, derechos de autor, etcétera.

DOCUMENTOS PARA UNA ÉPOCA. LA CRÍTICA DE LA ÓPERA Y EL ARTE DE BACH

Il teatro alla moda y la ópera

En el panfleto satírico *Il teatro alla moda,* publicado en 1720, el veneciano **Benedetto Marcello** (1686-1739) critica satíricamente la sociedad operística de su época, los excesos y los amaneramientos, el divismo de los cantantes, o los libretos y músicas llenos de clichés. Lo podrás observar en el siguiente fragmento:

“A los poetas [libretistas]: No deberá el poeta moderno esforzarse mucho en el estilo del drama, considerando que debe ser escuchado y entendido por la muchedumbre. Si algún personaje por necesidad de la ópera tuviese poco papel, le añadirá de inmediato aquello que pida el virtuoso o su protector.

A los compositores de música: No deberá el moderno compositor de música poseer conocimiento alguno de las reglas de la buena composición. No entenderá la lengua latina por más que deba componer para la Iglesia. [...] Por lo que respecta al teatro, no entenderá el moderno maestro de música nada de poesía. No distinguirá el sentido de la oración, ni las sílabas largas o breves, ni el carácter de la escena, etc. Cuando el cantante llega a la cadencia, el maestro de capilla moderno hará parar a todos los instrumentos, dejando al virtuoso/a la decisión de demorarse cuanto les plazca.”

Benedetto MARCELLO
El teatro a la moda
Alianza

Escenario y foso del teatro del palacio de Drottningholm (1766).

2. Resume con tus propias palabras cuáles son los vicios de los que habla el texto de *Il Teatro alla moda.*

3. ¿Cómo llaman en este texto al compositor de la ópera?, ¿y al director de orquesta?, ¿y a los cantantes?

4. ¿Se podría realizar una crítica similar en algunos ámbitos del arte actual, como la música o el cine? Razona tu respuesta.

Johann S. Bach y el final del Barroco

Johann S. Bach fue el último gran maestro del contrapunto de estilo imitativo, su más exquisita expresión, en el que la música se escribía para varias voces de igual importancia. Pero, ya en su madurez, la música europea buscaba otros caminos que anticipaban el Clasicismo. El crítico **Johann Adolph Scheibe** (1708-1776) describía así a un Bach ya anciano:

“[Bach] Es un artista extraordinario en el clave y en el órgano, y hasta ahora solo ha encontrado una persona que pudiera disputarle la preeminencia. Este gran hombre sería la admiración de naciones enteras si tuviera más gracia, si no privase de naturalidad a sus obras por su carácter recargado y confuso y no oscureciese la belleza con su excesiva artificiosidad. Al juzgar según sus dedos, hace que sus obras sean difíciles en extremo, ya que exige a cantantes e instrumentistas que realicen con su garganta o instrumento todo aquello que él es capaz de ejecutar al teclado, lo que es imposible. Todas las voces tienen que trabajar con las demás y poseer una dificultad semejante, de modo que resulta imposible reconocer una voz principal.”

H. J. SCHULZE
Johann Sebastian Bach. Documentos sobre su vida y su obra. Alianza

Johann S. Bach al órgano (h. 1725). British Museum.

5. Enumera los adjetivos que utiliza el texto para calificar la música de Bach.

6. El autor del texto se refiere, en la última frase, a dos tipos de texturas musicales. Escribe cuáles son.

7. Indica en qué parte del texto se mencionan las características de la música de Bach, según Scheibe, y en qué otra parte se especifican las preferencias de este crítico.

2. La tonalidad y el bajo continuo

18 **Escucha** un fragmento de la *Sonnerie de Sante Geneviève du Mont de Paris,* del compositor francés **Marin Marais** (1656-1728). En el Barroco, se afianzó definitivamente la **tonalidad,** es decir, la reducción de los antiguos modos a solo dos tipos de escalas, la escala mayor y la escala menor. La tonalidad implica otorgar distinta importancia a los grados de la escala. El grado principal es la **tónica** (I), seguido del quinto grado o **dominante** (V) y del cuarto grado o **subdominante** IV.

Esta obra es una chacona escrita en la tonalidad de **re menor.** Se basa en una estructura o esquema repetitivo de tres acordes y todos los compases comienzan con la tónica, que es la nota **re.** Este sencillo esquema permitía que los instrumentistas tuvieran más libertad y pudieran **improvisar** sobre él.

12 **Escucha** ahora una marcha compuesta por **Jean-Baptiste Lullly** (1632-1687) para la obra de teatro *El burgués gentilhombre,* de **Molière** (1622-1673). Se trata también de una música escrita en la tonalidad de **re menor.** Pero aquí destaca otra característica de la música instrumental barroca, que es la importancia del **pulso,** muy marcado en esta pieza. La **orquesta barroca** está integrada principalmente por instrumentos de cuerda, a los que se añaden, con funciones secundarias, los de viento y percusión.

En estos dos ejemplos destaca la importancia del elemento, típicamente barroco, denominado **bajo continuo,** es decir, «que no para», que sirve de soporte armónico para las voces superiores. Este bajo continuo está interpretado por varios instrumentos: fagot, contrabajo, tiorba y **clave,** instrumento de teclado omnipresente en las obras del Barroco.

9. ¿Cuántas veces se repite la melodía principal?¿Qué cambia en cada repetición?

13 Finalmente, **escucha** la fuga n.º 2 de *El clave bien temperado,* de **Johann S. Bach.** Uno de los principios compositivos básicos de la época era la **imitación** entre las voces. La **fuga** es un género basado en este principio.

10. Escucha atentamente y determina cuántas veces aparece la melodía principal (que se denomina sujeto) a lo largo de esta fuga.

11. Busca información sobre *El clave bien temperado* y resume su contenido.

La chacona

La chacona es una forma musical de danza compuesta por un ostinato armónico sobre el que se realizan variaciones melódicas.

8. Enumera los instrumentos que intervienen en esta pieza. ¿Qué parte o elemento realiza cada uno de ellos? Justifica tu respuesta.

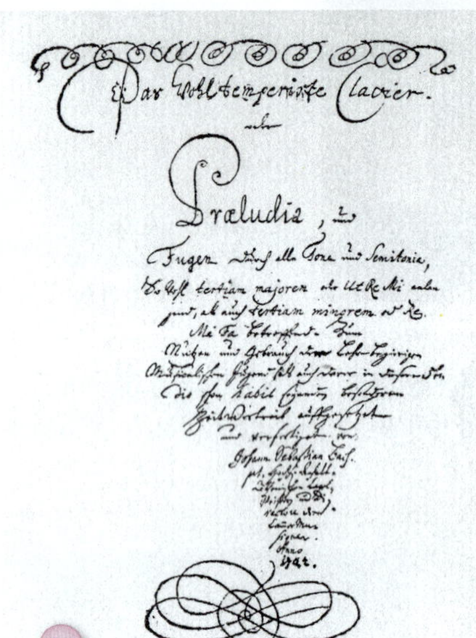

Portada original de *El clave bien temperado (Das Wohltemperirte Clavier,* 1722).

El clave bien temperado

Obra finalizada en **1722,** se trata de una creación didáctica con 24 piezas. Bach quiso demostrar que se podía componer en todas las tonalidades del nuevo «sistema temperado», en el que la octava se divide en doce semitonos iguales.

3. Música vocal profana y religiosa

19 **Escucha** el aria «Lascia ch'io pianga» de la ópera *Rinaldo,* de **Haendel.** En el Barroco, la ópera se convirtió en el género preferido de la clase burguesa de las ciudades y de la aristocracia. Un **aria** es una sección de la ópera en la que canta un personaje acompañado por la orquesta. En esta melodía, además, observamos otro elemento de la nueva música tonal: las **cadencias** o reposos que aparecen continuamente separando las frases y semifrases de la melodía.

12. Señala la nota en que se produce la cadencia. Después, especifica otros elementos característicos del Barroco que se aprecian en «Lascia ch'io pianga».

El Ospedale della Pietá de Venecia fue un orfanato donde trabajó Vivaldi.

20 **Escucha** un fragmento del *Gloria,* de **Vivaldi.** La **música religiosa** seguía siendo muy importante, ya que tanto la Iglesia católica como la protestante utilizaban la música en todos sus actos, principalmente en la **misa** y en los **oficios religiosos** respectivamente. En el *Gloria* podemos reconocer la utilización de un motivo muy breve que articula toda la obra; también el empleo de la **modulación,** que consiste en el cambio de tonalidad en el transcurso de una obra.

Asimismo, las voces discurren en **textura homofónica.** Suenan, por tanto, «en bloque», compactadas, puesto que llevan idéntica figuración.

La notación en el Barroco

En el Barroco, la notación musical era muy similar a la notación actual. No obstante, todavía no habían aparecido indicaciones secundarias, como la velocidad —el tempo— o los matices —las dinámicas—.

13. Escribe en un pentagrama el motivo principal de la introducción orquestal, teniendo en cuenta que comienza en **do** y que utiliza saltos de octava, ascendentes y descendentes.

21 **Escucha** el fragmento «Sound the Trumpet», perteneciente a la oda *Come, Ye Sons of Art* ('Oda para el cumpleaños de la reina Mary') para solistas, coro y orquesta, de **Henry Purcell** (1659-1795). Está compuesto sobre una breve línea de bajo ostinato que se repite. Por encima de este bajo, se desarrolla un diálogo entre dos voces masculinas muy agudas, tesitura muy apreciada en el Barroco. Este tipo de melodías las podían interpretar niños, contraltos masculinos cantando en falsete (contratenores) o castrati, que eran cantantes a los que de niños se les había practicado la castración para mantener una voz aguda toda la vida.

14. Indica qué términos describirían lo que realizan las dos voces: homofonía, imitación, contraste, persecución, melismas, sin adornos.

4. El concierto instrumental

La calidad de los violines fabricados por los luthiers de la época (Stradivarius, Amati o Guarnieri) aún no ha sido superada. En la ilustración, un Guarnerius de 1695.

22 **Escucha** el comienzo del tercer movimiento allegro del *Concierto de Brandenburgo n.º 3* de **Johann S. Bach.** A finales del Barroco, uno de los géneros más importantes de la música instrumental era el **concierto.** Se trata de una obra orquestal en varios movimientos, con o sin solistas. Los movimientos primero y tercero solían ser rápidos y, el segundo, lento. Aquí se pone de manifiesto el **virtuosismo** al que se llegó en todos los instrumentos, especialmente en la **sección de cuerda.**

15. Identifica en este ejemplo elementos del Barroco ya tratados en las audiciones anteriores.

14 Por último, **escucha** el *Concierto para violín op. 3 n.º 6*, de **Antonio Vivaldi.** En los conciertos con instrumento solista se desarrolla un diálogo entre la orquesta **(tutti)** y el solista **(solo)**, que tenía la parte de mayor virtuosismo. En este concierto de Vivaldi podemos escuchar un recurso compositivo del Barroco: la **secuencia.** Se trata de un fragmento melódico que se va repitiendo a diferentes alturas.

La orquesta barroca de Sevilla. 1. Clave; **2.** Violines primeros; **3.** Violines segundos y violas; **4.** Violonchelos: **5.** Contrabajo; **6.** Flauta travesera; **7.** Oboes; **8.** Fagot; **9.** Trompas.

16. Indica los instrumentos que interpretan continuamente el motivo rítmico silencio de corchea – tres corcheas.

MELODÍAS SOBRE BAJO OSTINATO

En el Barroco, como en la música actual, muchas obras están basadas en secuencias de acordes que se repiten. Temas tan lejanos en el tiempo como el *Canon* de **Johann Pachelbel** (1653-1706) y la canción *Go West* de los **Pet Shop Boys** comparten la misma secuencia de ocho compases… El tema *I Will Survive* también está basado en una secuencia similar de ocho compases.

Interpretad estas melodías, sobre los **arreglos** de la audición, con la flauta o con los instrumentos del aula. Además, con un instrumento de placas podéis interpretar el bajo que marca los acordes, indicado en cifrado sobre la partitura.

15 Interpreta el tema *Wavin' Your Flag*, escrito para el Mundial de Fútbol de Sudáfrica en 2010. Durante toda la canción se repite la misma serie de cuatro acordes: do – fa – la – sol.

ACTIVIDADES

1. Completa en tu cuaderno el siguiente mapa conceptual:

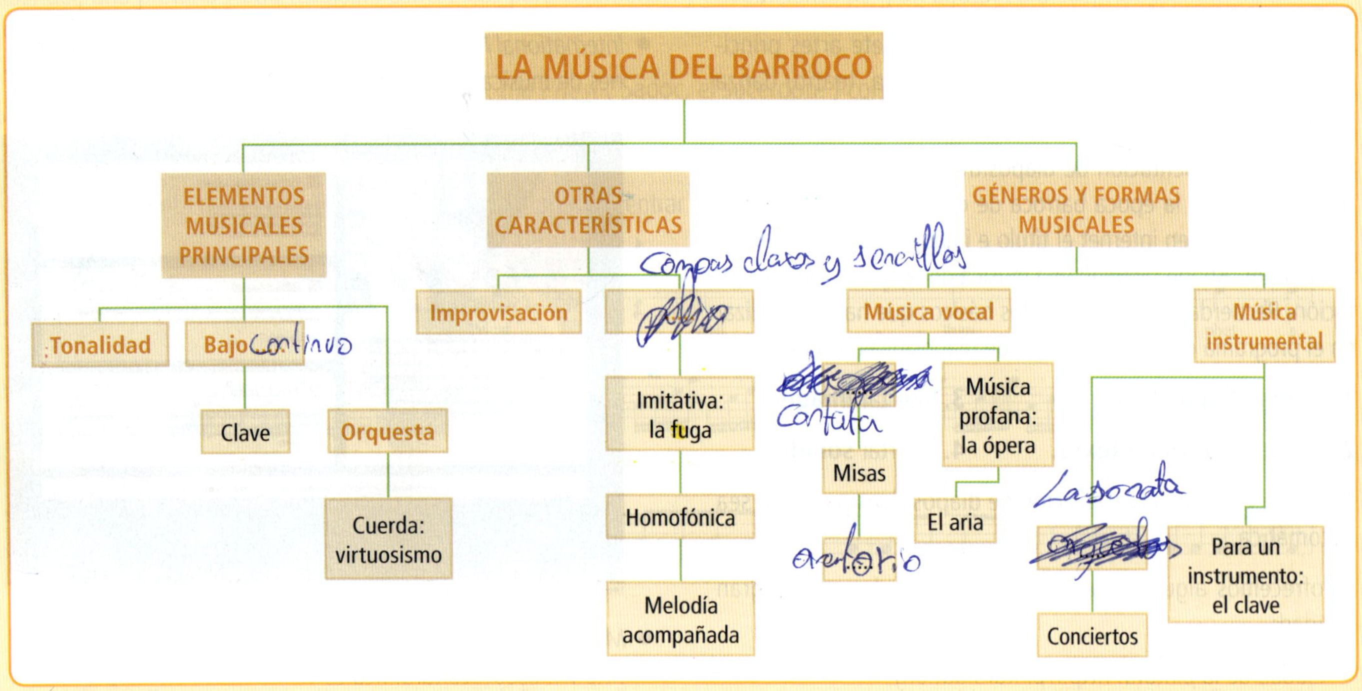

2. Escribe en tu cuaderno el título de la obra, su autor y el tipo de música que es.

Johann S. Bach	*Gloria*	Música didáctica
Haendel	«Sound the Trumpet»	Música vocal religiosa
Vivaldi	*El burgués gentilhombre*	Música orquestal de estilo francés
Monteverdi	*Concierto para violín*	Una de las primeras óperas del Barroco
Pachelbel	*Orfeo*	Bajo ostinato
Purcell	*Rinaldo*	Aria
Lully	*El clave bien temperado*	Ópera
Vivaldi	*Canon*	Para instrumento solista y orquesta

MELODÍAS SOBRE BAJO OSTINATO

En el Barroco, como en la música actual, muchas obras están basadas en secuencias de acordes que se repiten. Temas tan lejanos en el tiempo como el *Canon* de **Johann Pachelbel** (1653-1706) y la canción *Go West* de los **Pet Shop Boys** comparten la misma secuencia de ocho compases… El tema *I Will Survive* también está basado en una secuencia similar de ocho compases.

Interpretad estas melodías, sobre los **arreglos** de la audición, con la flauta o con los instrumentos del aula. Además, con un instrumento de placas podéis interpretar el bajo que marca los acordes, indicado en cifrado sobre la partitura.

15 Interpreta el tema *Wavin' Your Flag*, escrito para el Mundial de Fútbol de Sudáfrica en 2010. Durante toda la canción se repite la misma serie de cuatro acordes: do – fa – la – sol.

ARIAS DE ÓPERA

Interpretad una canzonetta (canción popular italiana) de la ópera ***El rapto de las Sabinas,*** de **Piersimone Agostini** (1635-1680). Esta obra, de 1680, es un ejemplo de una melodía acompañada característica del Barroco medio. **Cantad** la melodía y realizad las tres voces de acompañamiento con los instrumentos del aula.

16

Interpreta esta «Marcha japonesa» de la ópera-ballet *Don Quichotte chez la duchesse* ('Don Quijote en casa de la duquesa'), de **Joseph Bodin de Boismostier** (1689-1755), que adapta libremente un episodio del *Quijote* de Miguel de Cervantes.

L'INVERNO, DE VIVALDI

26

Interpretad con un instrumento melódico el segundo movimiento, allegro non molto, del *Concierto n.º 4 El invierno*, del grupo de conciertos *Las cuatro estaciones*, de **Vivaldi.** Podéis repartir la melodía entre varios intérpretes, pues cada frase está marcada con una letra. Asimismo, se puede realizar un acompañamiento sencillo en negras basado en el cifrado que acompaña a la melodía.

Paisaje de invierno, de Pieter Brueghel (1565). Gemäldegalerie de Viena.

EL BARROCO ESPECTACULAR DE HAENDEL

Vamos a recrear dos ejemplos de la música que mejor ilustra el gusto barroco por lo espectacular. Se trata de dos obras de Haendel, una profana y otra religiosa, concebidas para ceremonias y celebraciones de gran boato. Para ello, Haendel utilizaba coros y orquestas de considerable tamaño.

17 Interpreta un fragmento del himno *Zadok the Priest* ('Sadoc, el sacerdote') con voces, flautas e instrumentos de percusión. Este **anthem** —composición vocal típicamente inglesa— fue compuesto para la coronación del rey de Inglaterra en 1727 y, en su estreno, contó con cuarenta voces y ciento sesenta instrumentos.

Ten en cuenta que el coro (el pentagrama superior) debe entrar en la segunda repetición.

18 Interpreta, con voces o instrumentos, el famoso coro «Aleluya» del *Mesías*, el **oratorio** más célebre de Haendel. Un oratorio es un drama musical basado en un texto religioso y generalmente sin representación escénica, que se sustituye por un narrador.

ACTIVIDADES

23 **3.** Analiza una de las melodías principales del *Canon*, de J. Pachelbel.

a) Indica a qué grado de la tonalidad corresponde cada acorde, teniendo en cuenta que la obra está en la tonalidad de do Mayor.

b) Analiza las notas de las melodías; indica «na» si son notas del acorde, «np» si son notas de paso, «b» si son bordaduras y «o» si son otro tipo de notas extrañas.

4. Lee los siguientes fragmentos de un artículo de Almudena Grandes:

> “Y una vez más, los dedos se tropiezan en la misma tecla. Ella levanta la cabeza, mira a su marido, él le devuelve la mirada, y los dos sonríen sin hacer ruido al escuchar, por enésima vez, la misma palabrota en la voz incierta, a ratos ronca, a ratos aguda, algunas veces un auténtico pito, de su hija de 13 años.
>
> Así un día, y otro, y otro más. Mientras en el resto del mundo triunfan Bisbal o Shakira, el *waka waka* o Lady Gaga, en esa casa la canción del verano es Johann Sebastian Bach, por la mañana, por la tarde, por la noche, y a tope, porque aunque tiene un piano digital, se niega a ponerse los cascos. Y sus padres podrían protestar, como protestan sus hijos mayores, tendrían todo el derecho a imponer un poco de silencio, pero no lo hacen porque les conmueve esta lucha denodada, solitaria, de su hija contra sí misma, nadando contra la corriente y a favor de la música, el piano que ella escogió por su propia voluntad en una familia donde nadie sabe tocar un instrumento, en una pandilla donde todos sus amigos que estudian música tocan la guitarra eléctrica, el piano que le enseñó que las obras de Bach la hacen feliz, más feliz que ningún otro compositor, más que ninguna otra cosa, infinitamente más de lo que calculaba cuando empezó a tocar el piano.
>
> En cada escollo que supera, sus padres tienen que aprender a escuchar bien tocada una pieza que se habían acostumbrado a escuchar mal, y al principio hasta les cuesta trabajo reconocerla. Y así va pasando el verano, escurriéndose entre las teclas, de error en error, de pausa en pausa, de juramento en juramento, mientras, uno por uno, van cayendo los pentagramas y los dedos se afirman, se apoderan de sí mismos, ganan seguridad, confianza, destreza, hasta que Bach empieza a sonar a Bach, pero nunca por siempre, nunca del todo, porque tras cada pieza conquistada, ya está guiñando el ojo otra más larga, más complicada, más difícil, a la que la pianista se lanzará de cabeza como a un océano encrespado y tormentoso para que todo vuelva a empezar de sol a sol.”
>
> Almudena GRANDES
> «La canción del verano». *El País*
> 29 de agosto de 2010

a) Extrae las ideas principales de cada uno de los párrafos del texto.

b) Determina qué tipo de familia describe el texto y cuáles son sus miembros.

c) Describe la actitud de los diferentes integrantes de la familia ante el trabajo de la chica protagonista.

d) Explica los gustos musicales de la protagonista. ¿Con qué adjetivos podrías describir a esta chica?

e) Reflexiona. ¿Qué otras actividades, además de la música, exigen tal grado de sacrificio en un joven de tu edad, como aparece en el ejemplo del texto?

LA MÚSICA EN EL CLASICISMO

EL TRIUNFO DE LA ILUSTRACIÓN

A mediados del siglo XVIII, Europa experimentó una revolución social y cultural que situó la Razón por encima de todas las cosas: las estructuras políticas, basadas en el poder absoluto de los reyes, empezaban a tambalearse.

Teatro de La Fenice (Venecia).

Construido en 1792 en estilo rococó y neoclásico, este teatro fue un centro cultural y musical de primer orden, punto de encuentro de la nobleza y de la burguesía venecianas.

Los duques de Alba participaron de los nuevos aires de la Ilustración que llegaban a España. El duque, buen intérprete de viola, conocía las corrientes musicales clasicistas europeas. En el retrato de Goya ojea una partitura de Haydn.

Duque de Alba, de Francisco de Goya (1795). Museo del Prado.

Duquesa de Alba, de Francisco de Goya (1795). Colección particular.

Escucha la *Serenata op. 3 n.º 5*, de **Franz Joseph Haydn** (1732-1809).

1. ¿Podría ser esta música una obra del Barroco?
2. ¿Qué aspecto consideras que es el más importante para el compositor: la melodía, el contrapunto o el bajo?
3. Describe las características de la melodía de esta obra.
4. ¿Puedes tararear alguna melodía de Mozart?
5. ¿Qué significa *clásico?* ¿Qué es el cine clásico?, ¿y el rock clásico?

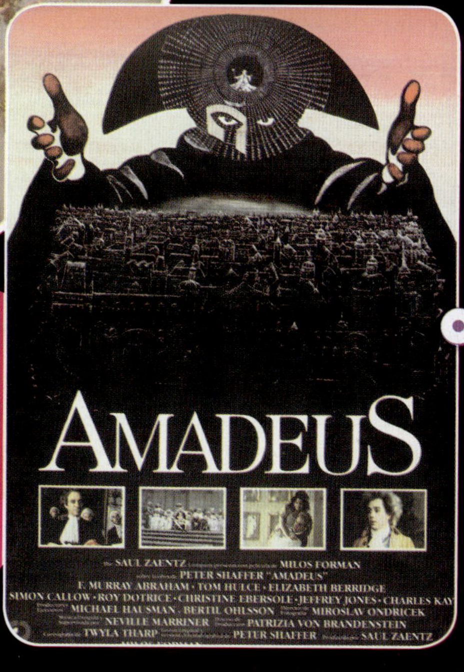

En 1982, la película *Amadeus* fue la gran triunfadora en los premios óscar de Hollywood al conseguir siete estatuillas. Narra la vida de Wolfgang Amadeus Mozart, el compositor más universal del Clasicismo. Aunque la película contiene gran parte de invención, sobre todo en torno a la relación de Mozart con su rival Salieri, sí nos ayuda a entender cómo era la vida de los artistas en aquella época.

1. La Ilustración

La muerte de Marat, de Jacques-Louis David (1793), es una obra que representa los ideales de este periodo. Musées Royaux des Beaux-Arts, Bruselas.

El siglo XVIII, conocido como el Siglo de las Luces o de la Ilustración, es una época marcada por una corriente de pensamiento llamada **racionalismo.**

Dicha corriente se caracterizó por:

a. La aspiración por alcanzar una sociedad culta, educada en los valores de la razón, el progreso y la igualdad de los seres humanos.

b. El cuestionamiento de la naturaleza de Dios y, por extensión, de la jerarquía religiosa y política, hasta ese momento inmutables.

c. La recopilación del conocimiento científico y artístico en la *Enciclopedia.*

d. El interés, de nuevo, por la Antigüedad gracias a los hallazgos arqueológicos de Pompeya y Herculano y a la posibilidad de viajar a Grecia, todavía en poder de los turcos.

Dos tendencias filosóficas, coetáneas y opuestas, marcarían los movimientos culturales y artísticos y tendrían influencia en la música: la **razón,** encarnada por el filósofo **Immanuel Kant** (1724-1804), y la **emoción,** que anticipaba el Romanticismo de la primera mitad del siglo XIX.

El Clasicismo en la música

La época del Clasicismo musical se sitúa aproximadamente entre **1750** y **1810,** de modo que coincidió con el principio del fin de las monarquías absolutas en Occidente.

Al calor de los movimientos culturales de la Ilustración, se consolidó un ascenso de la **burguesía** que culminaría en la **Revolución francesa** en 1789, con la cual da comienzo la Edad Contemporánea. Asimismo, la Constitución de los recién independizados Estados Unidos reconocía los derechos del hombre, y el parlamentarismo inglés era capaz de oponerse a los reyes. El final del siglo coincidió también con el inicio de la **Revolución industrial.**

La **vida cultural** de la sociedad y la **condición social** del compositor se vieron modificados con el avance de los **conciertos públicos** en toda Europa. El gusto de este creciente público, cuyo favor propiciaba la emancipación de los compositores de sus patrones o mecenas, colaboró al desarrollo del éxito de determinadas formas musicales, como la sinfonía o el concierto para solista y orquesta.

Además, la **ópera** era el género que más oportunidades ofrecía para el éxito de los autores. Pero el antiguo sistema de mecenazgo no desapareció completamente: muchos músicos dependían de mecenas de la corte o de la nobleza. Así, mientras que **Wolfgang Amadeus Mozart** (1756-1791) necesitaba para su sustento del favor de sus aristocráticos patrones, **Ludwig van Beethoven** (1770-1827) era ya un músico independiente que no se consideraba un servidor de nadie y que escribía, consciente de su genio, «para la posteridad». Por ello Beethoven, partiendo de la música del Clasicismo, sentó las bases para la música del Romanticismo del siglo XIX.

Viena era el centro indiscutible de la música de la época, gracias al impulso del emperador **José II de Habsburgo** (1741-1790), gran amante de la música.

DOCUMENTOS PARA UNA ÉPOCA. VIDA DE MOZART

1760: la precocidad de un genio

«Una vez visité su casa, donde el niño de cuatro años, Wolfgang, estaba ocupado con su pluma. Su padre le preguntó qué estaba haciendo, él replicó que estaba escribiendo un concierto para teclado y que la primera parte de la obra estaba terminada. Las páginas estaban cubiertas de manchas porque el niño cargaba la pluma con demasiada tinta. Tras unas risas, el padre observó que, bajo las manchas, la obra estaba correctamente escrita, pero que era tan difícil que resultaba prácticamente intocable. Wolfgang dijo: «Esa es la razón de que sea un concierto, se debe practicar mucho y duro para ser capaz de interpretarlo».»

Andreas Schachtner, amigo de la familia Mozart
En Philip G. Downs
La música clásica
Akal

1. ¿Qué tenía de extraordinario el niño Mozart, según el texto? Busca información sobre la infancia de Mozart y redacta un breve resumen.

1766: el «plan» de Leopold Mozart, padre de Wolfgang

«Dios [...] ha dotado de tales talentos a mis hijos que, aparte de mi deber como padre, ellos solos me incitarían a que sacrificase todo por su fructífero desarrollo. Cada momento que yo pierdo está perdido para siempre [...]. Usted sabe que mis hijos están acostumbrados a trabajar. Pero si, con la excusa de que una cosa impide otra, tuviesen que acostumbrarse a disfrutar de horas de ocio, todo mi plan se rompería en pedazos. El hábito es una camisa de hierro. Y usted mismo sabe cuánto tienen que aprender mis hijos, y especialmente Wolfgang.»

Carta de Leopold Mozart
En Philip G. Downs, *La música clásica*
Akal

2. Escribe la idea principal que transmite el texto.

3. Valora la actitud del padre de Mozart, sin olvidar que estamos en el siglo XVIII. La web *Hágase la música* (www.hagaselamusica.com/notas/mozart/triunfo-en-praga-y-la-muerte-de-leopoldo) te podrá servir de ayuda.

1782: componiendo una ópera

«Mi muy querido padre: ¡perdóneme si la carta tenía más peso del normal y si tuvo que pagar! Pero como no tenía nada urgente que escribirle, creí que le iba a gustar que le diese una pequeña idea de la ópera.

Había pensado dar el papel de Osmino al señor Fischer, que posee una hermosísima voz de bajo. Debemos servirnos de este hombre, sobre todo teniendo en cuenta que todo el público está con él.

La música, aun en los momentos más terribles, no debe ofender nunca el oído, sino resultar agradable y seguir siendo siempre música.

El final deberá hacer mucho ruido, y esto es todo lo que se necesita para cerrar un primer acto; cuanto más ruido haya, mejor que mejor; y cuanto más breve sea, mejor, para que la gente no se enfríe para el aplauso. La ouverture es cortísima; forte y piano se alternan; donde hay forte entra siempre la música turca, modula continuamente y yo creo que nadie se dormirá aunque no haya dormido en toda la noche anterior.»

Carta de Wolfgang A. Mozart
En Philip G. Downs, *La música clásica*
Akal

4. Extrae la idea principal del texto. En la enciclopedia virtual Wikipedia tienes información sobre el contexto de la época de la ópera *El rapto en el serrallo.*

5. Escribe las palabras de vocabulario musical que aparecen en el texto.

2. Ópera y sinfonía en el Clasicismo

Rousseau mostrando la partitura de *Le devin du village.*

27 **Escucha** el aria «J'ai perdu tout mon bonheur», perteneciente a la ópera *Le devin du village* ('El adivino de la aldea') de **Jean-Jacques Rousseau** (1712-1778), siguiendo la partitura.

El Clasicismo, sobre todo en sus inicios, busca una música **menos compleja** y **más clara y accesible.** Por este motivo, se abandona la polifonía contrapuntística y una melodía principal pasa a ser la parte más importante de las obras. El resto de instrumentos realizan acompañamientos, basados en los acordes principales de la tonalidad. Algunos principios comunes a todas las artes en el Clasicismo son el **equilibrio,** la **claridad** y la **simetría.**

6. ¿Cuántas frases musicales hay? ¿Qué partes se repiten?
7. Fíjate en la simplicidad formal de la melodía: recuerda más a una canción popular que a las complicadas arias de los castrati del Barroco, ¿utiliza motivos cortos o largos?
8. ¿Cuál es el ámbito de este fragmento?

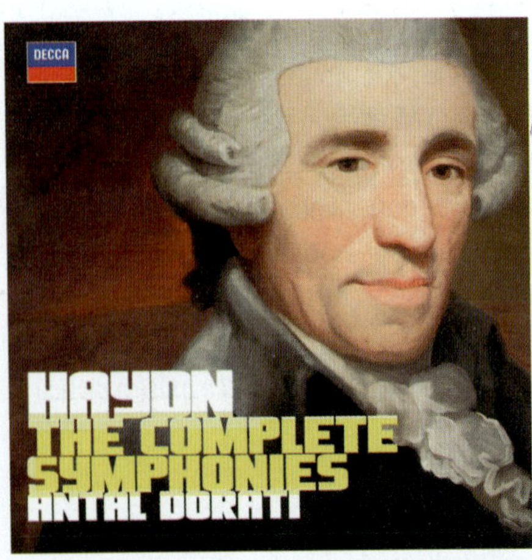

28 **Escucha** el comienzo de la *Sinfonía n.º 56* de **Franz Joseph Haydn** (1732-1809).

Otra característica de la música del Clasicismo es el uso del **contraste** entre los elementos breves que forman las melodías.

La **sinfonía** es el principal **género orquestal** de la época clásica. Se compone de tres o cuatro movimientos, que son secciones separadas. Haydn escribió más de cien sinfonías.

9. Explica los tres contrastes que se escuchan en los primeros diez segundos.

3. El cuarteto y el concierto

El cuarteto británico Edellyon String Quartet.

20 Escucha el tema del segundo movimiento del *Cuarteto n.º 76 Emperador* de Haydn.

Las melodías sencillas a menudo se utilizaban para componer **variaciones** sobre ellas. Este fragmento, que posteriormente se convirtió en el himno de Alemania, pertenece a un movimiento con la forma «tema y variaciones».

Los cuartetos de cuerda para **dos violines, viola** y **violonchelo** son el tipo de composición más representativo de la música de cámara del Clasicismo, en la que también destacó Haydn.

10. ¿En qué compases se sitúan las cadencias? Copia la partitura y, después, señálalas.

11. Escucha de nuevo la pieza y fíjate en su dinámica. A continuación, con la ayuda del profesor, sitúa las indicaciones de dinámica en la partitura, así como las ligaduras de expresión.

El trompista alemán Valentin Eschmann.

29 **Escucha** el «Rondó» del *Concierto para trompa n.º 4* de Mozart.

Como ya habrás podido comprobar, un elemento importante de la música del Clasicismo es la **repetición.** En un rondó, una melodía reaparece regularmente a lo largo de la obra.

Los **conciertos** son composiciones para un solista (en este caso, la trompa) acompañado de la orquesta.

12. ¿Cuántas veces se escucha la melodía principal? ¿Es pegadiza? Justifica tu respuesta.

13. Marca los descansos que se van produciendo en la música a lo largo de la audición.

4. El minueto. Los comienzos del Romanticismo

30 **Escucha** el tercer movimiento de la *Pequeña serenata nocturna,* de Mozart.

Las composiciones en varios movimientos, como los cuartetos, sinfonías, conciertos o serenatas solían incluir una parte lenta (segundo movimiento) y otra en ritmo ternario (tercer movimiento) llamado **minueto,** que era un tipo de danza del Barroco.

Observa el musicograma. La línea inferior es una escala de tiempo, medido en compases.

El minuet, de G. B. Tiepolo (1756). MNAC (Barcelona).

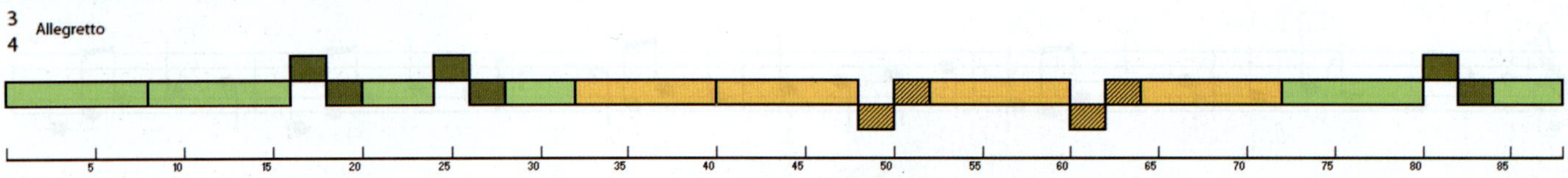

Del clavicémbalo al pianoforte

Como en el Barroco, en el Clasicismo conviven varios instrumentos de teclado. Pero acabó imponiéndose el fortepiano, inventado hacia 1720.

- Las melodías están representadas por rectángulos.
- Los colores iguales o parecidos indican que el material melódico es similar; los colores diferentes señalan un cambio de sección.
- Rectángulos a distintas alturas advierten de una secuencia, descendente o ascendente.

14. La forma que utiliza Mozart, ¿es binaria o ternaria?

15. ¿Cuántos compases duran las frases melódicas más importantes?

16. Identifica algún contraste en esta audición.

Dos hombres contemplando la luna, de Gaspar Friedrich (1819). Galerie Neue Meister (Dresde).

21 **Escucha** el comienzo de la *Sonata para piano n.º 14 Claro de luna,* de Beethoven.

La sonata para instrumento solista fue un género muy popular en la época, sobre todo las sonatas para piano. Las primeras sonatas de Beethoven aún están escritas en estilo clásico, mientras que en las últimas se pueden apreciar características del Romanticismo.

17. Las melodías románticas son más largas que las clásicas, característica que era un recurso para crear más tensión en el oyente. Observa y señala cuándo llega la primera cadencia.

18. Indica qué figura rítmica utiliza Beethoven para el acompañamiento.

5. La melodía clásica

31 A través de la melodía del *Rondó para piano y orquesta en re Mayor K 382* de Mozart, vamos a estudiar una de las formas de organizar una melodía más características de su época.

Plano de la película *Amadeus*, de Milos Forman (1984).

Observamos que la melodía tiene **dos frases**, cada una de ocho compases, que se repiten. A su vez, cada frase se divide claramente en **dos semifrases** de cuatro compases.

- **Primera frase.** Las dos semifrases son simétricas, tan solo cambia el final. Están construidas a modo de **pregunta** y **respuesta** (también se llaman *antecedente* y *consecuente*): la primera pregunta es suspensiva y termina con un acorde de dominante; y la segunda es conclusiva y termina con un acorde de tónica, mientras la melodía descansa en el tono principal, **re.**
- **Segunda frase.** Presenta un material nuevo (indicado con color verde), pero la segunda sección vuelve a ser la semifrase conclusiva anterior.

Si continuamos el análisis, descubrimos que las relaciones entre pregunta y respuesta aparecen en fragmentos aún más pequeños: los dos primeros compases de una semifrase hacen de antecedente de los dos siguientes; a su vez, el segundo compás de la obra es una repetición en otro grado de la escala del primer compás. Llegamos así a la **célula más pequeña** a partir de la cual se elabora toda la melodía: el grupo de dos negras y blanca del primer compás. **Observa:**

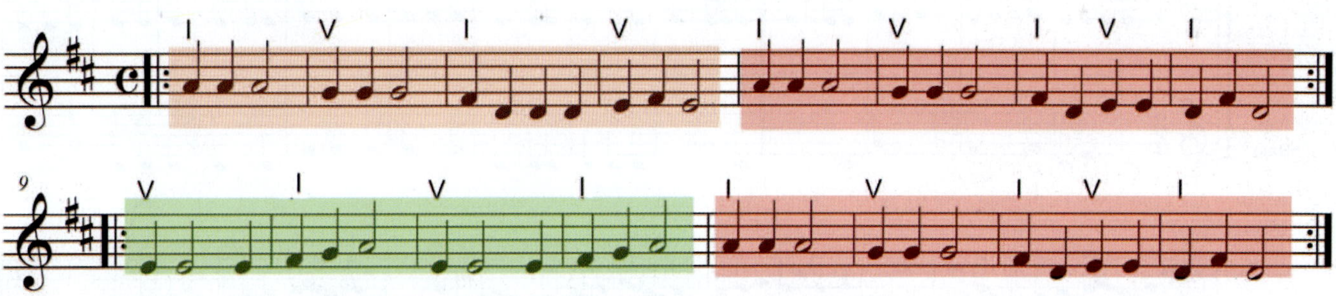

Escucha atentamente la obra. Como la forma es un rondó, esta melodía se alterna con otras secciones que están a cargo del **piano.** Participa en la interpretación con flauta o xilófono, guardando silencio en las partes intermedias en las que interviene el piano.

19. ¿Cómo se modifica la melodía principal en determinados momentos?

20. ¿Qué elementos cambian en la primera semifrase de la segunda frase (marcada en verde)?

21. ¿A qué acordes corresponden las indicaciones I (tónica) y V (dominante) si estamos en la tonalidad de re Mayor?

LUIGI BOCCHERINI EN MADRID

22

Interpretad sobre el arreglo de la audición este fragmento de la serenata *La música nocturna de las calles de Madrid*, de **Luigi Boccherini** (1743-1805), con los instrumentos del aula. Este tema se popularizó con la película *Master and Commander* en el año 2003.

El arreglo está preparado para instrumentos del aula. En la sección A, la melodía principal, que se repite cuatro veces, la toca el carrillón. Equivale a un estribillo moderno. En las otras secciones, B y C, la melodía es interpretada por la flauta.

Observa que la textura es muy clara: la voz superior realiza la melodía, mientras que el resto completa los acordes de tónica, subdominante y dominante:

Ermita de San Antonio de la Florida (Madrid). Detalle de los frescos de Francisco de Goya (1797).

LAS ÓPERAS DE MOZART

La **ópera** es el género de música más popular del Clasicismo. Por ello, vamos a **interpretar** fragmentos de dos de las óperas más famosas de Mozart.

Don Giovanni

Cantad estos fragmentos característicos de cuatro personajes de la ópera *Don Giovanni*, compuesta en 1787 y basada en el mito de Don Juan.

23 **Leporello,** (bajo) el criado de Don Giovanni, se queja de tener que esperar a su señor durante sus aventuras.

Don Giovanni (barítono) intenta seducir a la campesina **Zerlina** (soprano) para aumentar el número de sus conquistas.

La estatua del **Comendador** (bajo), asesinado por Don Giovanni, cobra vida y se lleva a Don Giovanni al infierno.

La flauta mágica

24 Interpretad con instrumentos y voces el coro de los esclavos de la ópera *La flauta mágica*, obra que Mozart compuso en 1791, su último año de vida. En este fragmento, el instrumento mágico es el carrillón, que al sonar hace que los esclavos se pongan a cantar y bailar.

6. La huella del Clasicismo

32

Rachmaninov (1873-1943) escribió su *Concierto n.° 2 para piano y orquesta* en el año 1901, muchos años después de la época de Haydn y Mozart. Sin embargo, las características del Clasicismo son reconocibles:

a. En el uso de la **forma concierto** para solista y orquesta en tres movimientos (Rápido – Lento – Rápido).

b. En el empleo de una **tonalidad clara,** definida por cadencias.

La diferencia principal es que Rachmaninov construye una melodía mucho más amplia.

En general, a partir de Beethoven se produce una **expansión** en las dimensiones de las formas clásicas de la sonata, el concierto, la sinfonía y las obras de cámara.

25 Interpretad la siguiente melodía con el acompañamiento de la audición.

26 «¡Ya está bien!»

Esta canción del grupo vallisoletano **Celtas Cortos** se basa en grupos de cuatro compases. Los ocho primeros son simétricos, solo cambia, entre sus dos semifrases, el final, que es primero suspensivo (abierto – pregunta) y luego conclusivo (cerrado – respuesta).

Realiza una lectura rítmica de la canción, para después interpretarla con la flauta.

J. H. Cifuentes y César Cuenca
Celtas Cortos

Somos musicólogos

A continuación, te planteamos varias posibilidades de actividades de investigación. Los resultados puedes organizarlos en un documento de texto o en una presentación de diapositivas para poner en común ante tus compañeros. Agrega a la presentación un ejemplo musical apropiado en formato wav o mp3.

1. Busca información sobre alguno de los aspectos de la **vida de Mozart:** sus viajes por Europa, las óperas que compuso, los géneros que trabajó, la vida cultural de Viena a finales del siglo XVIII, etc. A través de sus cartas puedes obtener información de primera mano sobre los problemas y los pensamientos del compositor. Realiza una presentación acompañada por imágenes relativas al tema tratado.

2. Visita la web de un **teatro de la ópera** (Teatro Real de Madrid, Liceu de Barcelona, Palau de les Arts de Valencia, Maestranza de Sevilla, Teatro Pérez Galdós de Las Palmas, Teatro Campoamor de Oviedo, ABAO de Bilbao, Teatro de Festivales de Santander, Palacio de la Ópera de A Coruña, Auditorio Miguel Delibes de Valladolid...) y accede a su programación anual. Después, ordena cronológicamente las óperas que se interpretan indicando a qué época pertenecen. Finalmente, investiga cuántas óperas de autores del Clasicismo se programan a lo largo de esta temporada.

3. Busca información sobre la música del **Clasicismo en España:** compositores españoles y extranjeros (Boccherini, Scarlatti, Antonio Soler, Gaetano Brunetti, Manuel Canales, Fernando Sor), dónde y para quién trabajaron, obras que compusieron, etc. Redacta un breve escrito con la información básica de cada uno de estos compositores.

Domenico Scarlatti (1685-1757).

4. Analiza una canción de un grupo actual intentando reconocer en ella alguno de los elementos de la música clásica que hemos estudiado: repetición, contrastes, cadencias, simetrías, etc. Para ello, elabora un musicograma de la canción, utilizando el modelo de la página 74. La línea de tiempo puede ir expresada en segundos o en compases y las melodías pueden representarse por rectángulos, que serán de igual color si son similares entre sí y de colores diferentes cuando aparezcan secciones diferentes (pueden ser estrofas, estribillos, introducciones, instrumentales, etc.). Si vas a presentar tu trabajo en un editor de textos o un programa de presentación de diapositivas, puedes utilizar los comandos **«Insertar línea»** para la escala de tiempo e **«Insertar formas»** para las melodías.

ACTIVIDADES

1. Completa en tu cuaderno el siguiente mapa conceptual:

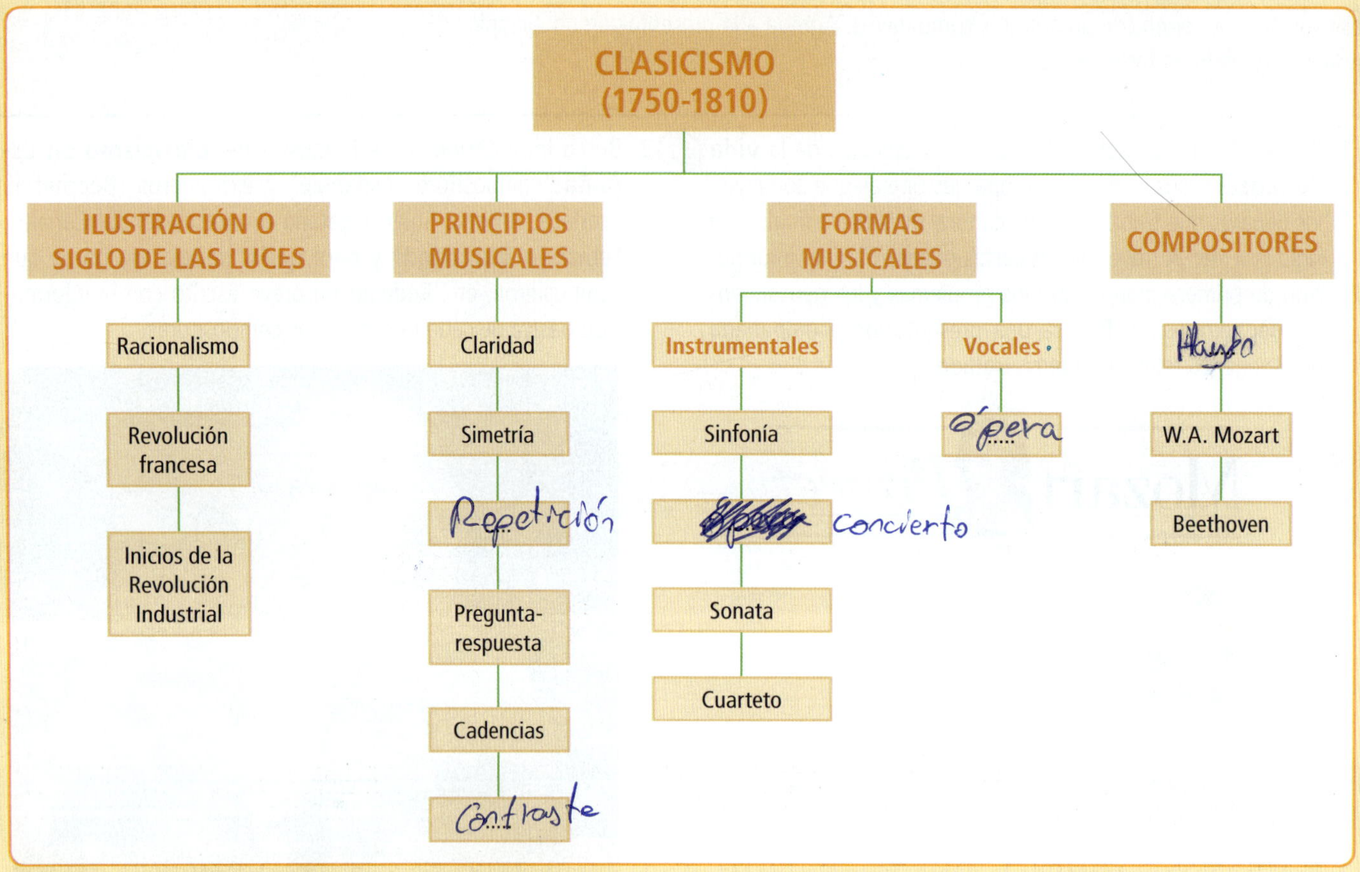

2. Ordena las palabras para crear citas célebres. Escríbelas en tu cuaderno.

a) Mozart, 1782:

debe – nunca – sino – agradable – no – La – ofender – resultar – música – oído – el

b) Joseph Riepel, 1750:

música – centro – es – la – La – de – melodía – el

3. Indica en tu cuaderno si las frases son verdaderas o falsas:

a) Los cuartetos de cuerda están formados por dos violines, una viola y un violonchelo.

b) La orquesta más famosa del Clasicismo era la de Múnich.

c) Las primeras sonatas de Beethoven están escritas en estilo barroco.

d) La sinfonía es un género para un instrumento solista.

e) Se pueden identificar rasgos del Clasicismo en músicas de épocas posteriores.

f) En las obras clásicas apenas se repiten las melodías.

g) En el Clasicismo todavía sigue vigente el sistema de mecenazgo.

h) *La flauta mágica* es una de las primeras obras de Mozart.

ACTIVIDADES

4. Reflexiona y explica a qué hacen referencia los siguientes conceptos:

- rock clásico.
- cine clásico.
- carrera ciclista clásica.
- vehículos clásicos.
- moda clásica.
- videojuegos clásicos.
- teatro clásico.

5. Completa los siguientes pentagramas siguiendo las técnicas del Clasicismo. Vamos a utilizar la melodía ***Chihuahua,*** de DJ BoBo, como modelo. Se trata de crear preguntas y respuestas «clasicistas»: la pregunta realiza un movimiento desde el acorde de tónica al de dominante y la respuesta, desde el acorde de dominante al de tónica. Para realizar la actividad debes utilizar exclusivamente notas de los acordes correspondientes. En el ejercicio, (en do Mayor), la tónica utiliza las notas do – mi – sol y la dominante las notas sol – si – re.

Todos nuestros ejemplos durarán **cuatro compases,** con el esquema:

La **melodía** de *Chihuahua* es:

Como ves, el **esquema rítmico** (las figuras empleadas) es similar en la pregunta y la respuesta. Ahora completa los siguientes pentagramas:

LA MÚSICA EN EL SIGLO XIX

NUEVOS AIRES ESTÉTICOS

El término *Romanticismo* alude al espíritu novelesco, fantástico y fabuloso de la literatura de principios del siglo XIX y se contrapone a la racionalidad del Clasicismo de la segunda mitad del siglo XVIII.

El movimiento romántico se produjo en todas las disciplinas artísticas (literatura, pintura, escultura etc.), pero es especialmente importante en la música, ya que para muchos intelectuales de la época la música será la más «romántica» de todas las artes. Esta consideración se debía a que el lenguaje empleado por la música era el más abstracto de todos: no utilizaba palabras, como la literatura, ni representaba objetos concretos como la pintura y la escultura. La música llegaba directamente al alma humana sin intermediarios.

Escenografía para *Otelo* de Verdi. Segunda mitad del siglo XIX.

Luciano Pavarotti en *Rigoletto*, de Verdi.

La ópera representó los ideales de toda una época. Música y drama se unieron para dar rienda suelta a los gustos de los nuevos públicos del siglo XIX.

María Callas en *Norma*, ópera de Vincenzo Bellini (1831).

Escucha «Fast zu Ernst», pieza para piano de la obra *Kinderszenen* ('Escena de niños'), de **Robert Scumann.**

1. ¿Qué entiendes tú por Romanticismo?
2. Durante el Romancismo surge un gran interés por la cultura del pueblo. Recuerda el cuento *El flautista de Hamelin*. ¿Contiene elementos fantásticos y fabulosos? ¿Cuáles son?
3. ¿A qué familia de instrumentos pertenece el piano? ¿Qué instrumentos similares al piano conoces?, ¿a qué familia pertenecen?

Fantasía sobre Fausto, de Mariano Fortuny (1866). Museo del Prado.

EL PIANO

El piano es el instrumento rey del Romanticismo. El piano del siglo XIX comenzó llamándose pianoforte. Las piezas para voz y piano se intepretaban en audiciones privadas que se celebaraban en las casas de las clases burguesas. El compositor Franz Schubert participaba a menudo en este tipo de reuniones sociales para mostrar sus obras.

1. El siglo XIX y el Romanticismo

El caminante sobre el mar de nubes, de Caspar D. Friedrich (1818). Kunsthalle de Hamburgo. Esta obra maestra refleja el sentimiento romántico de insignificancia del ser humano frente a la naturaleza inmensa y sublime.

A principios del siglo XIX se produce en diferentes países europeos una serie de movimientos sociales que conducirán a la caída del Antiguo Régimen, el sistema de monarquías absolutistas que se habían instaurado en Europa desde el siglo XVI. La caída de estos regímenes absolutistas se inició con la **Revolución francesa,** en 1789, y el derrocamiento de los monarcas Borbones en este país. Este acontecimiento desencadenó una oleada de revoluciones en Europa que acabaron cambiando los sistemas de gobierno absolutistas por **monarquías liberales.** Las clases burguesas adquirieron así un papel cada vez más importante en las sociedades europeas. De esta manera empieza una nueva etapa histórica, la **Edad Contemporánea,** que dura hasta nuestros días.

En esta época de cambios surge un nuevo movimiento estético, el **Romanticismo.** Este movimiento aparece como reacción a la Ilustración, que había dominado Europa durante la segunda mitad del siglo XVIII. El Romanticismo pretende romper con las normas de la belleza clásica: el interés por lo bello y lo perfecto es sustituido por la búsqueda de lo sublime y lo emocionante. Asimismo, da mucha importancia a la fantasía y a la libertad creadora del artista.

Los principales **temas** que tratan los artistas románticos son:

- Lo desconocido, lo extraño y lo impredecible.
- El pasado medieval. Las ruinas de iglesias góticas, por ejemplo, es un tema muy frecuente.
- Lo exótico, todo lo procedente de otras culturas, sobre todo las orientales como la china y japonesa.
- La noche como algo misterioso. La muerte, sobre todo en la juventud.
- El amor incontrolable. La naturaleza salvaje.
- Los seres fantásticos como brujas, fantasmas, etcétera. Lo terrorífico.

Los intelectuales del siglo XIX se interesaron también por el **folclore** y el saber popular del pueblo. Es en esta época cuando se recopilaron por primera vez cuentos populares, como hicieron los hermanos Grimm. La mayor parte de los cuentos que conocemos hoy en día fueron recogidos en el siglo XIX. Este es el caso de *La bella durmiente, Blancanieves* o *El flautista de Hamelin.* De la misma manera, los músicos se interesaron por las canciones populares y folclóricas, recopilándolas en cancioneros e introduciendo melodías populares en sus obras.

Con el Romanticismo aparece una nueva **concepción del artista.** Hasta este momento los artistas eran considerados artesanos, trabajadores al servicio de algún noble o de la Iglesia, para los cuales creaban las obras que les encargaban. Ahora el artista se libera poco a poco de ese rol y se convierte en un **genio,** muchas veces incomprendido por la sociedad. Deja de trabajar para otros y sólo trabaja para sí mismo, creando lo que le dicta su corazón y no por encargo.

Franz Liszt, de Ingres (1839). Richard Wagner Stiftung (Bayreuth). El compositor y pianista Franz Liszt (1811-1886) es el prototipo de artista romántico.

@ **1.** Busca en Ciudad de la pintura cuadros de **Caspar David Friedrich** (1774-1840), **William Turner** (1775-1851) y **Eugène Delacroix** (1798-1863), tres de los máximos exponentes de la pintura romántica. Después, realiza una selección y elabora una presentación con un presentador de diapositivas (PowerPoint, por ejemplo) destacando los elementos románticos de cada pintura. Ilustra tu presentación con una obra de **Robert Schumann** (1810-1856).

DOCUMENTOS PARA UNA ÉPOCA. MÚSICA Y ESTÉTICA ROMÁNTICA

Donde las palabras no llegan

El principal movimiento artístico que se desarrolló durante el siglo XIX se denomina *Romanticismo.* En el siguiente texto, el músico y escritor romántico **Ernest Theodor Amadeus Hoffmann** (1776-1872) reflexiona sobre la música y el Romanticismo:

“La música es la más romántica de todas las artes. Casi se podría decir que es la única puramente romántica. La música abre al hombre un reino desconocido; un mundo en el que abandona todos los sentimientos que pueden ser expresados por conceptos para entregarse a lo inefable. Allí donde acaban las palabras empieza la música.”

E. FUBINI
La estética musical desde la Antigüedad hasta el siglo XX
Alianza

2. ¿Por qué piensa Hoffmann que la música es la más romántica de todas las artes?

3. ¿Qué significa la palabra *inefable?*

El espíritu romántico

Lee el siguiente fragmento de *El estudiante de Salamanca,* de **José de Espronceda** (1808-1842).

“Era más de media noche,
antiguas historias cuentan,
cuando en sueño y en silencio
lóbrego envuelta la tierra,
los vivos muertos parecen,
los muertos la tumba dejan.
Era la hora en que acaso
temerosas voces suenan
informes, en que se escuchan
tácitas pisadas huecas,
y pavorosas fantasmas
entre las densas tinieblas
vagan, y aúllan los perros
amedrentados al verlas.
En que tal vez la campana
de alguna arruinada iglesia
da misteriosos sonidos
de maldición y anatema,
que los sábados convoca
a las brujas a su fiesta.
El cielo estaba sombrío,
no vislumbraba una estrella,
silbaba lúgubre el viento,
y allá en el aire, cual negras
fantasmas, se dibujaban
las torres de las iglesias,
y del gótico castillo
las altísimas almenas,
donde canta o reza acaso
temeroso el centinela.”

José de ESPRONCEDA
El estudiante de Salamanca, Cátedra

4. ¿Reconoces en el texto algunos de los temas que estaban de moda durante el Romanticismo? Enuméralos y escribe los versos en donde se citan.

5. Observa la pintura *La abadía en el robledal,* del alemán Friedrich (1810, Alte Nationalgalerie, Berlín).

6. ¿Por qué es un cuadro romántico? Justifica tu respuesta.

2. Elementos musicales del Romanticismo

La libertad del tempo

Durante el siglo XIX la música se interpretaba cada vez con un tempo más libre, en el que los pulsos musicales no presentaban siempre la misma velocidad, sino que a veces eran más rápidos o más lentos dependiendo de la expresividad que el intérprete le quisiera otorgar a la música. Este fenómeno se indica en la partitura con la palabra italiana ***rubato***, que significa 'robado'. El **estilo rubato** es especialmente utilizado en las piezas románticas para piano.

Frédéric Chopin. Fotografía de Louis-Auguste Bisson (1849).

La melodía romántica

Hemos visto en la Unidad 5 que en el Clasicismo las frases musicales solían ser simétricas y se componían normalmente de ocho compases. Este tipo de frases melódicas se seguiría utilizando en el siglo XIX. Sin embargo, a medida que avanzaba el siglo, los compositores tendían a hacer frases más extensas. El compositor Richard Wagner habla en sus obras del concepto de **«melodía infinita»** para referirse a las frases musicales que no son conclusivas, que parecen no terminar nunca. De esta manera consigue aumentar la tensión del oyente.

Richard Wagner, de Caesar Willich (1862). Museos Reiss-Engelhorn (Mannheim).

El leitmotiv

Leitmotiv (en plural *leitmotive)* es una palabra alemana que significa literalmente 'motivo conductor'. Un **leitmotiv** es un tema musical que aparece varias veces a lo largo de una pieza y que se asocia a una idea concreta al margen de la música —un personaje, un objeto, un lugar, una situación, etc.—. Se trata de una referencia auditiva clara que confiere unidad y coherencia al discurso musical.

La técnica del leitmotiv fue muy utilizada en el siglo XIX por los músicos románticos. El compositor de óperas **Richard Wagner** (1813-1883) utilizó recurrentemente esta técnica. Así, en sus obras podemos encontrar muchos leitmotive asociados a determinados personajes, objetos, ideas, etcétera.

La soprano Waltraud Meier en el papel de Isolda. Madrid, Teatro Real, 2008.

@ Puedes percibir la utilización del **rubato** y del **leitmotiv** en sendos vídeos:

- *Balada n.º 1*, de Frédéric François Chopin: www.youtube.com/watch?v=RR7eUSFsn28&feature=related
- «Liebestodt» (Muerte de amor) de *Tristán e Isolda*, de Richard Wagner: www.youtube.com/watch?v=RLoHcB8A63M

33 **7.** Escucha un nocturno para piano de Chopin. ¿Cómo es el tempo en esta pieza? ¿El pulso presenta siempre la misma velocidad? ¿Podemos hablar de rubato en esta pieza?

34 **8.** Escucha atentamente un fragmento de la ópera *El ocaso de los dioses* (1876), de la tetralogía *El anillo del Nibelungo,* de Wagner, e intenta identificar los leitmotive de la espada y de Sigfrido respectivamente.

3. La música vocal: el lied

La muerte y la doncella, de Hans Baldung (1520). Kunstmuseum de Basilea.

Con el siguiente diseño rítmico que se utiliza de manera recurrente a lo largo del lied ***La muerte y la doncella,*** Schubert representa el paso implacable de la muerte.

Un **lied** es una pieza breve compuesta para voz y piano. La palabra *lied* significa 'canción' en alemán. Se trata de un género muy importante en el Romanticismo germánico. Sus principales compositores son el austriaco **Franz Schubert** (1797-1828) y **Robert Schumann.**

Schubert compuso más de seiscientos lieder, muchos de los cuales se agrupan en ciclos temáticos. Los más importantes son *La bella molinera* y *Viaje de invierno.*

Uno de los lieder más conocidos de Schubert es *La muerte y la doncella* (1817). En esta pieza, el compositor representa un diálogo entre una chica joven y la Muerte que viene a buscarla. La Muerte aparece bajo la forma de un terrible hombre de huesos. La muchacha tiene miedo ante la fantasmagórica aparición e intenta huir, pero el hombre de huesos, impasible, se la lleva en sus brazos. La muerte en la juventud es uno de los temas más recurrentes del Romanticismo. Se trata de la manifestación más clara de la naturaleza todopoderosa que el hombre no puede controlar.

Unos años después de haber escrito este lied, Schubert recurrió al mismo tema para hacer un cuarteto de cuerda homónimo.

35 **9.** Escucha el lied de Schubert *La muerte y la doncella* y analízalo. ¿Qué partes podemos diferenciar en esta pieza? Una de las partes presenta una melodía entrecortada, irregular, agitada, que produce intranquilidad. La otra parte del lied la conforma una melodía tranquila, sosegada, regular. ¿Qué parte corresponde a cada uno de los dos personajes —muerte y doncella— que intervienen en el diálogo? ¿Por qué Schubert ha escogido esos dos caracteres diferentes en las dos partes del lied?

10. Explica con tus propias palabras el significado del diálogo del lied y escribe qué tiene de romántico el texto.

DONCELLA.— ¡Aparta, aparta, salvaje hombre de huesos! Soy aún joven. ¡Vete, Querido, y no me toques!

MUERTE.— Dame tu mano, bella y dulce criatura. Soy tu amigo y no vengo a castigarte. Has de ser valiente, no soy salvaje. Solo debes dormirte dulcemente en mis brazos.

4. La música vocal: la ópera

Durante el siglo XIX se desarrollaron estilos operísticos propios en los principales países europeos. Los más importantes los encontramos en Italia, Francia y Alemania.

La soprano Mariola Cantarero y el tenor Ismael Jordi en *La Traviata.* Teatro de la Maestranza de Sevilla, 2009.

La ópera italiana. Durante la primera mitad del siglo XIX el estilo del ***bel canto*** alcanzó su más alto nivel. El *bel canto* era un estilo presente en la ópera italiana que se caracterizaba por el virtuosismo, la gran expresividad y la ornamentación que demostraban los solistas en su interpretación. En el estilo del *bel canto* destacan óperas como *Guillermo Tell* (1829) de **Gioacchino Rossini** (1792-1868), *Norma* (1831) de **Vincenzo Bellini** (1801-1835) o *El elixir de amor* (1832) de **Gaetano Donizetti** (1797-1848).

Sin embargo, el autor más representativo de la ópera italiana del siglo XIX es **Giusseppe Verdi** (1813-1901). Este compositor pone su música al servicio del drama. Profundiza en la psicología de los personajes y en el argumento de la historia, mezcla magistralmente en sus obras la comedia y la tragedia, el patriotismo y la crítica social. Algunas de sus óperas más famosas son *Nabucco* (1842), *Rigoletto* (1851), *La Traviata* (1853), *Aida* (1871) y *Falstaff* (1893).

La mezzosoprano María José Montiel y el barítono Ángel Ódena en *Carmen.* Teatro del Liceu (2010).

La ópera alemana. En Alemania destaca, el compositor **Carl Maria von Weber** (1786-1826) con su ópera *El cazador furtivo* (1821), considerada como la primera gran ópera romántica alemana. En ella se reflejan elementos tan románticos como la naturaleza, el bosque, la superstición y la creencia en lo sobrenatural.

No obstante, la principal figura de la escena musical alemana fue sin duda **Richard Wagner**, que revolucionó el mundo de la ópera con su «drama musical». Libreto, música y puesta en escena forman parte de un todo indisoluble subordinado al drama. Wagner pretende crear de este modo una obra de arte total, integral. Entre sus principales obras se encuentran *El holandés errante* (1843), *Lohengrin* (1850), la tetralogía *El anillo del Nibelungo* (1848-1874) y *Tristán e Isolda* (1865).

La ópera francesa. Alcanzó una gran aceptación entre el público la *opéra comique,* género que introduce partes de diálogo hablado. Dentro de este género destacan óperas como *Carmen* (1875) de **Georges Bizet** (1838-1875) y *Los cuentos de Hoffmann* (1881) de **Jacques Offenbach** (1819-1880).

36 **11.** Escucha esta aria de *La Traviata*, de Verdi. ¿Qué tipo de voz interpreta la obra? ¿Qué tipo de compás utiliza Verdi en el aria?

37 **12.** Escucha un fragmento de la obertura de *Tristán e Isolda.* ¿Recuerdas qué es una obertura? Busca información sobre el argumento de la ópera. ¿Crees que la obertura refleja la atmósfera de la historia que se va a relatar? Justifica tu respuesta.

28 **13.** Escucha la barcarola de *Los cuentos de Hoffmann* de Jacques Offenbach. ¿Cuántas cantantes interpretan la pieza? ¿Qué tipo de voz tienen?

@ **14.** *Los cuentos de Hoffmann* narra tres cuentos románticos del escritor alemán Hoffmann. Investiga sobre ellos y averigua a cuál pertenece esta pieza: www.youtube.com/watch?v=N0HfzdHTslo&feature=related

- Busca el significado del término *barcarola.*

5. La música instrumental: el piano

El **arpa metálica de hierro,** que permitió soportar una mayor tensión y peso de las cuerdas, se introdujo por primera vez en 1839. Hasta entonces las arpas eran de madera, como en el clave. Actualmente los pianos presentan cuerdas dobles y triples metálicas, sobre un arpa de acero.

El Panocha Quartet y Roy Howat interpretando el quinteto *La trucha* de Schubert. Kusatsu Festival (2002).

El piano fue el instrumento rey durante el Romanticismo. Se trata de un instrumento de **cuerda percutida** que consta, en la actualidad, de 88 teclas —52 blancas y 36 negras— y dos pedales. El pedal derecho levanta los apagadores de las cuerdas y deja que estas vibren hasta que no se levante el pie del pedal. Produce, por tanto, un efecto de prolongación del sonido. El pedal izquierdo se llama *una corda* ('una cuerda') porque al pisarlo desplaza todo el mecanismo interno del piano hacia la derecha para que el macillo golpee sólo una cuerda en vez de las tres que percute normalmente. Se suele utilizar para interpretar pasajes en *pianissimo.*

Actualmente, podemos encontrar dos tipos de pianos: el piano de cola y el piano vertical.

A principios del XIX el **pianoforte,** denominado así por su capacidad para contrastar intensidades suaves y fuertes, acaba destronando definitivamente al que durante los siglos XVII y XVIII había sido el instrumento de tecla dominante: el clavicémbalo.

El repertorio para piano en el siglo XIX

En el siglo XIX se popularizaron las **obras breves para piano solo.** Este es uno de los géneros musicales románticos por excelencia, ya que permite expresar de manera íntima e individual la sensibilidad estética del intérprete. Muchas de estas obras son estilizaciones de las danzas más populares del momento (valses, mazurcas, polonesas, escocesas...); otras son piezas de carácter improvisado y virtuosístico (fantasías, impromptus, preludios, nocturnos...). Algunas formas clásicas para piano solo como la sonata, de mayor extensión, también se siguen componiendo. Los compositores más representativos de la música para piano solo son **Chopin, Schumann, Felix Mendelssohn** (1809-1847) y **Liszt.**

El piano está también muy presente en el **repertorio de cámara** del siglo XIX. Tríos, cuartetos y quintetos con piano se interpretaban con frecuencia en conciertos públicos o audiciones privadas y gozaban de una gran aceptación. Destacan las composiciones de Schubert, como su famoso quinteto *La trucha,* o las de Johannes Brahms (1833-1897), como su *Trío para piano op. 8,* una de las partituras más interpretadas de la época.

La géneros musicales de grandes dimensiones también recurrieron a este instrumento. Es el caso del **concierto para piano y orquesta,** que se impuso sobre el resto de conciertos solistas. Compositores como Mendelssohn, Chopin y Schumann cultivaron este género.

29 **15.** Escucha este vals compuesto por Chopin. Fíjate en la textura de la obra. La melodía que interpreta la mano derecha discurre libremente por encima del acompañamiento rítmico-armónico regular que hace la mano izquierda. ¿Cómo llamamos a este tipo de textura?

¿Cómo definirías este estilo de libertad y flexibilidad rítmica que caracteriza a la música romántica? Fíjate en el tempo del vals e intenta seguir su pulso.

30 **16.** Escucha este trío de Schubert para piano, violín y violonchelo. Indica si el piano, en el inicio, interpreta la melodía o el acompañamiento. ¿Cambia su función en algún momento?

6. La música instrumental: música de cámara y música orquestal

Fragmento de partitura de la *Sinfonía n.º 2* de Brahms.
Como ves, está escrita para un gran número de instrumentos.

El repertorio de **música de cámara** en el siglo XIX es abundante. El **cuarteto de cuerda,** formado por dos violines, viola y violonchelo, se consolidó como la formación preferida por los compositores.

En el siglo XIX, las orquestas se amplían fundamentalmente en la sección de viento metal y percusión. Se añadieron nuevos instrumentos de viento metal como tubas y trombones y también nuevos instrumentos de percusión como platos, cajas, bombos, etc. Las trompas y trompetas se mejoraron con un nuevo sistema de pistones que facilitan una buena afinación. Los instrumentos de viento madera, como la flauta, el clarinete, el oboe o el fagot, se perfeccionaron también con un complejo sistema de llaves. Asimismo, se empezaron a incorporar a la orquesta instrumentos como el arpa o el piano.

Interpreta este arreglo a cuatro voces del ***Cuarteto de cuerda en mi menor Rosamunda,*** de Schubert.

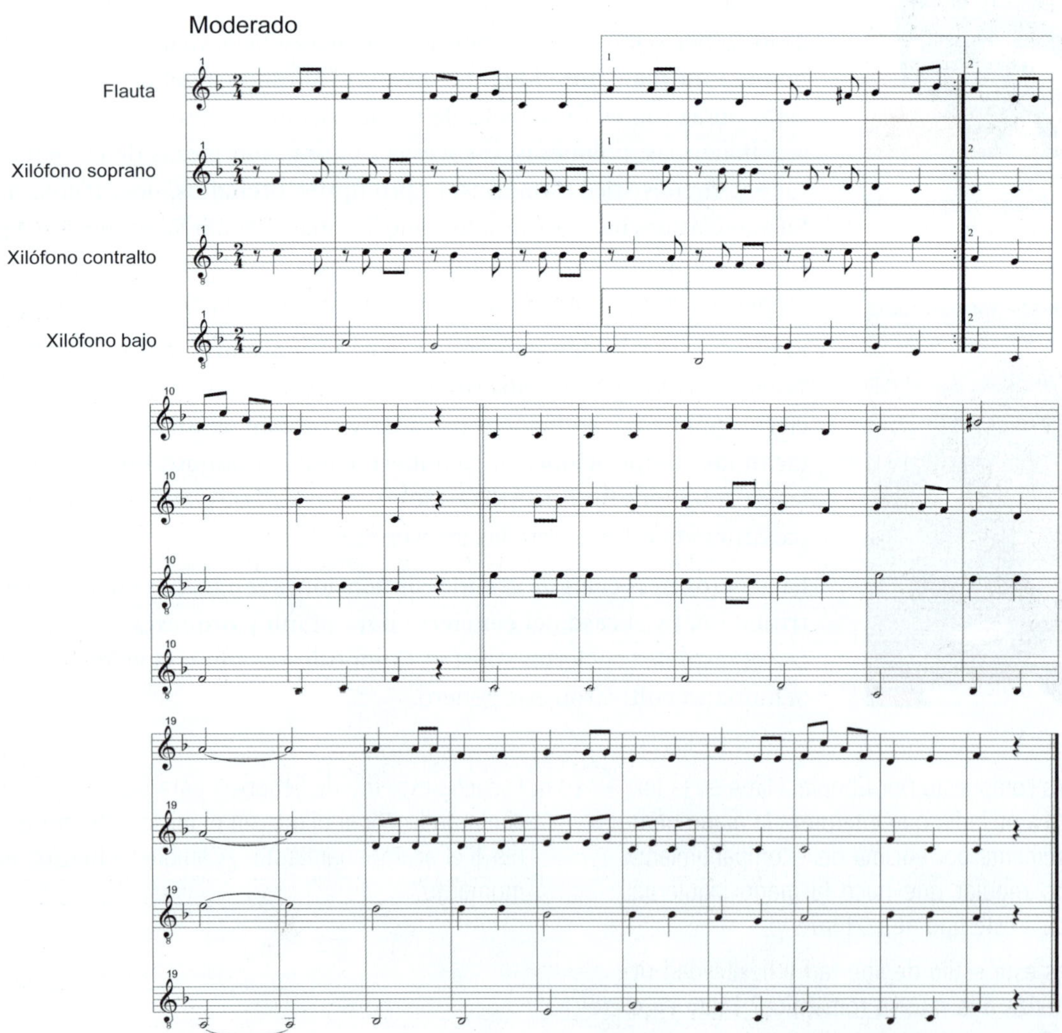

7. La danza y el ballet

Debido a los cambios sociales que se produjeron en el siglo XIX, las danzas cortesanas que se bailaban en las cortes nobiliarias europeas desde el siglo XVI desaparecieron. Su lugar fue ocupado por las nuevas **danzas de salón** de la nueva sociedad burguesa.

Así, en el siglo XIX surgirían gran número de danzas de carácter más marcado y enérgico, que alcanzarían una gran popularidad en los salones de baile de las principales capitales europeas. La danza que gozó de mayor popularidad y aceptación durante toda la época fue el **vals.** Se trata de una danza ternaria y rápida de origen alemán. Esta danza estuvo especialmente de moda en la ciudad de Viena gracias a compositores como **Johann Strauss padre** (1804-1849) y **Johann Strauss hijo** (1825-1899).

Escena de *La sílfide.*

El estreno de *La Sylphide* ('La sílfide') en París en 1832 fue el acontecimiento que marcó el inicio del **ballet romántico.** En este ballet, la bailarina apareció deslizándose en el escenario sobre la punta de los pies para reflejar los armoniosos y leves movimientos de la sílfide. El vestido iba ajustado a la cintura de la bailarina y la falda, ligera y vaporosa, llegaba a la altura de las rodillas. Estas innovaciones tuvieron un enorme éxito. Nace así el ballet de puntas (llamado así porque las bailarinas bailan de puntillas sin apoyar los talones) y el tutú de muselina blanca, que caracterizarán al ballet romántico.

Clase de danza, de Degas (1873). Museo de Orsay (París). El pintor francés Edgar Degas (1834-1917) pintó muchos cuadros sobre bailarinas de ballet clásico.

El despertar de los **nacionalismos,** a mediados del siglo XIX, impulsó la difusión de danzas nacionales, la mayoría de origen popular, como la **polca** (danza binaria y rápida de origen checo) o la **mazurca** (danza ternaria y rápida de origen polaco). En la ilustración, un paso de polca en un grabado del siglo XIX.

El ruso **Piotr Tchaikovsky** (1840-1893) compuso obras maestras de ballet como *El lago de los cisnes, La bella durmiente* y *Cascanueces.* Interpreta con la flauta este vals perteneciente al ballet *La bella durmiente.*

Montserrat Caballé cantando en el *Príncipe Igor*, de Borodin (Basilea, 1958).

8. La música nacionalista

A lo largo del siglo XIX se produjo un auge de los nacionalismos en Europa. Como reacción al imperialismo de las grandes potencias y al espíritu universalista del Clasicismo del siglo XVIII, los artistas e intelectuales de países menos relevantes a nivel internacional, como Rusia, Suecia, Noruega, Checoslovaquia o España, se interesaron por recuperar su identidad cultural: folclore, lenguas regionales, costumbres y saber popular.

Por ello, la música se convirtió en un elemento ideal para ensalzar las virtudes y características de sus gentes, sus paisajes, su historia, etc., por lo que estos compositores encontrarían en las melodías y ritmos populares del folclore de su país un recurso efectivo.

Los géneros preferidos por los compositores nacionalistas son el **poema sinfónico** y la **ópera**, ya que, debido a sus características, se podían llenar de contenido patriótico y político.

El compositor ruso **Alexander Borodin** (1833-1887) utilizaba en sus obras elementos del folclore de su país. Interpreta este arreglo de las **«Danzas polovotsianas»**, de la ópera *Príncipe Igor.*

Interpreta con la flauta este fragmento de la ***Danza eslava n.º 10*** del compositor checo **Antonin Dvorak** (1841-1904). Fíjate en los cromatismos (intervalos de semitono) de la melodía.

Investigación en la red: las mujeres en la música

Son más bien pocas las referencias que nos han llegado de mujeres músicas a lo largo de la historia. Esto se debe a varios factores. Por un lado, las razones sociológicas han privado a las mujeres, la mayor parte de las veces, de realizar actividades ajenas al hogar. Sin embargo, sí que ha habido grandes compositoras e intérpretes a lo largo de la historia que han quedado en la sombra, ya que nuestra sociedad patriarcal ha dado siempre mayor valor a las creaciones de los hombres.

En el siglo XIX, podemos encontrar a grandes músicas como **Clara Schumann** (1819-1896) o **Fanny Mendelssohn** (1805-1847).

Otras músicas importantes nacieron en el siglo XIX, aunque vivieron gran parte de su vida en el siglo XX; este es el caso de **Nadia Boulanger** (1887-1969) y **Alma Mahler** (1879-1964).

La novia vendida, de Oskar Kokoschka (1914). Kunstmuseum de Basilea. Este cuadro fue dedicado a Alma Mahler.

Fanny Mendelssohn, de Wilhelm Hensel (1829). Staatliche Museum (Berlín).

Vamos a hacer un **pequeño trabajo de investigación** buscando información en internet sobre estas mujeres:

1. ¿Eran intérpretes? ¿Qué instrumento tocaban? ¿Eran compositoras o directoras de orquesta? ¿Se dedicaban a alguna otra actividad artística o intelectual? ¿Fueron reconocidas en su época?
2. Algunas de ellas tuvieron la posibilidad de estudiar y dedicarse a la música gracias a su parentesco con músicos importantes del momento. Busca esta información. (Pista: puede que en la información que encuentres alguna de estas mujeres aparezca con otro apellido al casarse...)
3. Busca imágenes de ellas y de su entorno.
4. Prepara una presentación audiovisual con un programa de presentación de diapositivas (PowerPoint, por ejemplo) en el que expongas la información que has encontrado. Estructura el trabajo en diez diapositivas de la siguiente manera:
   a) Realiza una diapositiva de presentación, con el título y una imagen.
   b) Crea dos diapositivas para cada música. En la primera diapositiva, expón información sobre su vida y, en la segunda, sobre su obra.
   c) En la última diapositiva del trabajo, introduce una partitura de una composición de alguna de estas autoras. Busca la obra en audio para escucharla. (Véase el siguiente punto.)
5. Para escuchar la música compuesta por estas mujeres, visita la web **Spotify** (www.spotify.com). En la sección **Productos** selecciona **Open** («¡Obtén spotify! ¡Es gratis!»). Crea una cuenta y descarga la aplicación de Spotify. Abre el programa y escribe en su buscador el nombre de las autoras que estás investigando: aparecerá una lista de obras. Por último, haz doble clic en cualquiera de ellas para escucharlas.

ACTIVIDADES

1. Completa en tu cuaderno el siguiente mapa conceptual:

ROMANTICISMO

Temas románticos: la noche, la naturaleza, el pasado medieval, ...

Elementos musicales: libertad de tempo, melodías sin resolución clara, ...

Música vocal

Lied: canción para ..... y voz.

Ópera: estilos nacionales.
Italia: el estilo del *bel canto.* Verdi.

Alemania: Wagner y el drama musical.

Francia: ópera .....

Música instrumental

Música para piano: piezas breves para piano solo, obras de cámara y conciertos con solista para piano y orquesta.

Música de cámara: destaca el cuarteto de cuerda.

Música orquestal: sinfonías, conciertos y ..... sinfónicos.

Danza

Bailes de salón: el vals.

Nace el **ballet** de puntas: las bailarinas danzan de puntillas, sin apoyar los talones.

Música nacionalista

Incorporación del folclore de cada país. Los géneros preferidos por los nacionalistas son el poema sinfónico y la .....

2. Indica en tu cuaderno si las siguientes características del Romanticismo son verdaderas o falsas:

a) El Romanticismo apela antes a los sentimientos que a la razón.

b) La orquesta romántica se refuerza sobre todo en las secciones de viento metal y percusión.

c) El piano es un instrumento secundario durante el siglo XIX.

d) Los géneros más utilizados por los compositores nacionalistas son el lied y el concierto.

e) El leitmotiv es un recurso utilizado en la ópera romántica.

38 **3.** Escucha el comienzo del segundo movimiento del *Cuarteto de cuerda n.º 14, La muerte y la doncella*, de Franz Schubert. Compáralo con el lied homónimo del mismo autor y escribe los elementos que tienen en común.

ACTIVIDADES

4. Relaciona las imágenes con los siguientes conceptos: ópera, ballet, vals, cuarteto de cuerda, lied, sinfonía.

5. Crea un relato o un poema en el que incluyas algunos de los temas románticos que hemos estudiado. Después, leed en clase vuestras obras con una de las audiciones de la Unidad como música ambiental de fondo.

TALLER DE CREACIÓN II

La elaboración de un arreglo

Las canciones de la música moderna ya no se suelen escribir como las partituras de la música culta. Normalmente en aquellas se anotan solo la melodía, los acordes en cifrado, el tempo y, a veces, el estilo en el que se ha de tocar. Es decir, no se escriben en el pentagrama las notas que ha de interpretar cada instrumento, ni siquiera el orden en el que se tocan las distintas partes de la canción. La tarea de convertir ese esquema en música corresponde al **arreglista.**

Las principales **funciones** del arreglista son:

1. Transcribir la armonía contenida en los cifrados.
2. Repartir la melodía y el acompañamiento entre los instrumentos.
3. Establecer el orden en que se van a tocar las distintas partes (estrofas, estribillo, etcétera).
4. Añadir material nuevo escrito por él (si lo cree oportuno), aunque normalmente se tratará de segundas voces, riffs u otros motivos de acompañamiento.

Torstem Born en el papel de Mackie Messer de *La ópera de tres peniques*, de Kurt Weill. Teatro Aachen de Aquisgrán (Alemania).

El riff

El riff es un motivo melódico-rítmico recurrente utilizado en la música popular urbana.

Para afrontar la **realización de un arreglo** debes tener en cuenta las siguientes **indicaciones:**

- Hay que conocer bien la canción: sus secciones, su estilo, el carácter de la melodía, etcétera.
- Aparte de la melodía, la segunda voz más importante es el bajo. Este depende de los acordes que se indican en el cifrado, pero permite saltos y movimientos melódicos.
- Las voces intermedias deben tener un movimiento suave: hay que procurar evitar los saltos.
- Para conseguir un resultado interesante se suele evitar el uso de meras repeticiones exactas de estrofas, estribillos, etcétera.

A partir de la canción de cabaret ***La balada de Mackie Navaja*** o Mackie Messer, escrita por **Kurt Weill** (1900-1950), vamos a guiarte en el proceso de elaboración de un arreglo. Cada canción puede dar lugar a muchas versiones distintas, que dependen de los arreglos que de ella se escriban. De esta canción han grabado versiones artistas tan diferentes como **Louis Armstrong, Miguel Ríos** o **Robbie Williams.**

Paso 1

Elabora un guion. A través de él establece la estructura del arreglo: número de repeticiones del tema, secciones, interludios, introducción, etcétera. Marca los elementos característicos que vas a asignar a cada sección.

Paso 2

Escribe los acordes de la canción. Los acordes de *La balada de Mackie Navaja* son:

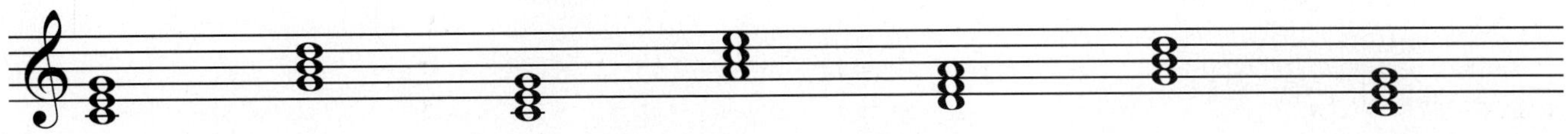

Recuerda que en los acordes se pueden intercambiar la posición de las notas. Por ejemplo, el acorde de do se puede escribir (de grave a agudo) do–mi–sol, pero también do–sol–mi, mi–sol–do, etc. En nuestro arreglo mantendremos como nota más grave la fundamental del acorde, pero podremos intercambiar las otras dos.

A cada una de las notas de los acordes que hemos escrito le asignaremos un instrumento. Las familias de instrumentos escolares —xilófonos y metalófonos— contienen instrumentos graves —bajos—, medios —contraltos— y agudos —sopranos y carrillones—.

Paso 3

Establece un patrón rítmico constante en el acompañamiento. En la versión original de *La balada de Mackie Navaja,* el acompañamiento repetía continuamente este modelo:

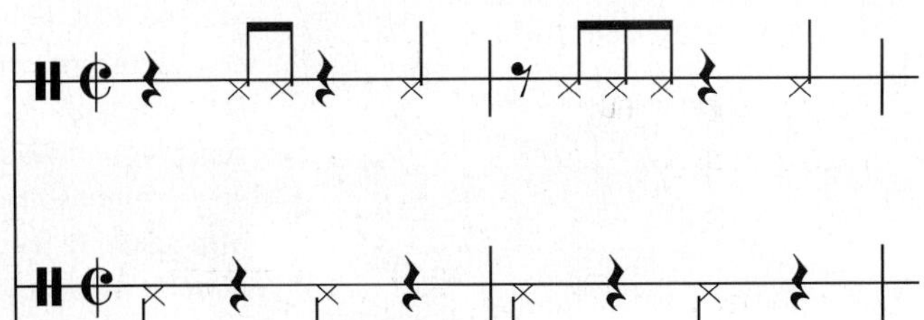

Paso 4

Aplica el patrón a los acordes del tema. En el caso de *La balada de Mackie Navaja,* manteniendo los acordes en la posición fundamental descrita arriba, el acompañamiento resultante sería:

En el pentagrama inferior, las figuras con las plicas hacia abajo se deben interpretar con el bajo, mientras las otras dos notas con uno o dos instrumentos más agudos.

Completa todo el acompañamiento de la canción y añade instrumentos de percusión indeterminada, basándote en el mismo patrón rítmico de acompañamiento.

Paso 5

Crea diferentes patrones rítmicos para cada repetición del tema.

Siguiendo estos mismos pasos, **elabora un arreglo** sobre la melodía creada por ti en el «Taller de creación I» (págs. 52 y 53). A su vez, este trabajo te puede ser de utilidad para el «Taller de creación III» (págs. 140-141).

La **música moderna** o *popular music* (jazz, rock, etc.) ha vuelto a emplear unas prácticas que eran habituales en el Barroco, pero que poco a poco se fueron perdiendo. En el Barroco se concedía bastante libertad al intérprete en la realización del bajo cifrado o en las obras que utilizaban la improvisación. En el Clasicismo y en el Romanticismo, las partituras recogían muchas más indicaciones, de tal manera que el buen intérprete era el que transmitía más fielmente la partitura, es decir, la obra del compositor.

LA MÚSICA EN LOS SIGLOS XX Y XXI

LA VANGUARDIA

Se utiliza el término *vanguardia* para referirse a aquellos artistas que con sus obras buscan nuevos caminos en el arte. Así es como nacen o se fraguan los nuevos estilos, aunque casi siempre se trata de una evolución de formas anteriores. En ocasiones, pertenecer a la vanguardia conllevaba alejarse del gran público; pues este solía aceptar las novedades en el arte lentamente. De hecho, gran parte de la música culta del siglo XX hasta la actualidad se considera «difícil» o «poco accesible», y la brecha entre compositores y oyentes se ha agrandado. Por otra parte, se ha producido la eclosión de la música popular urbana: jazz, tango, flamenco, rock, pop, etcétera.

Zentrum Paul Klee en Berna (Suiza).

Del arquitecto **Renzo Piano,** este Centro está dedicado al pintor de las vanguardias Paul Klee, gran amante de la música. Quizá por ello el edificio se concibió como una gran onda.

Ana Pavlova (1881-1931), la gran bailarina de principios de siglo XX.

La carrera, de Pablo Picasso (1922). Museo Picasso (París).

Picasso, sin duda, concibió el movimiento de las figuras como la coreografía de una danza. Observa el cuadro y la fotografía de Pavlova…

LA ÉPOCA DE LA DIVERSIDAD

Lo más característico desde el siglo XX respecto al arte es la diversidad de estilos. No hay una corriente principal como podría decirse para la época del Clasicismo o del Romanticismo.

En música, tanto en la ahora llamada *música culta* como en la *música popular urbana,* es muy evidente la variedad de tendencias: un mismo compositor —o grupo— puede pasar a lo largo de su carrera por diferentes etapas y hacer músicas de estilos muy diferentes entre sí.

31

Escucha un fragmento de la obra *Pacific 231,* de **Arthur Honegger** (1892-1955), compuesta como homenaje a una locomotora.

1. ¿Qué parámetros musicales va variando el compositor para crear el efecto de la locomotora?
2. La obra utiliza la orquesta sinfónica. ¿Puedes identificar células melódicas? ¿Cuántas notas tienen? ¿Las tocan siempre los mismos instrumentos?
3. ¿Qué hechos históricos importantes recuerdas del siglo XX?
4. ¿Qué tendencias artísticas conoces del siglo XX?
5. ¿Cuál crees que ha sido la influencia de los instrumentos electrónicos en la evolución musical?

1. Los siglos XX y XXI

Desde los comienzos del siglo XX hasta la actualidad la manera de vivir ha cambiado más que en cientos de años. Los avances tecnológicos han modificado la vida del planeta de tal manera que se ha producido:

- El desarrollo de los medios de locomoción y de los medios de comunicación: conocimiento e intercambio entre las culturas.
- Mejoras en el nivel de vida de las personas: avances sociales y sanitarios.
- El acceso «universal» a la educación.
- La industrialización: vida en las ciudades.

Sin embargo, estos avances se han producido de manera muy desigual en las distintas partes del mundo y sus consecuencias negativas son bien conocidas: mayor devastación en las guerras, tensiones religiosas y étnicas, incremento de las desigualdades entre el primer y el tercer mundo, deterioro del medioambiente, etcétera.

Los grandes acontecimientos del siglo XX, en especial las guerras, han tenido influencia sobre los artistas: la Guerra Civil Española está retratada en el *Guernica* de Picasso; el lanzamiento de la bomba atómica en 1945 inspiró el *Lamento por las víctimas de Hiroshima*, de Krzysztof Penderecki, que escucharás en esta Unidad.

La historia del siglo XX puede dividirse en etapas marcadas por las guerras mundiales y otros acontecimientos políticos importantes: la Primera Guerra Mundial (1914-1918), la Segunda Guerra Mundial (1939-1945), la caída del comunismo y el fin de la Guerra Fría (1989).

Asimismo, los atentados contra las Torres Gemelas en Nueva York (2001), y en nuestro país los de Madrid (2004), parece que han abierto una nueva etapa caracterizada por enormes tensiones en la política internacional.

La **música del siglo XX** destaca por su gran diversidad. Muchos géneros nacen a partir de la idea de la **exploración**, la experimentación y la reacción contra los estilos anteriores.

La época contemporánea

Cuanto más cerca nos situamos de una época, más difícil es juzgarla objetivamente. La propia denominación del siglo XX, *época contemporánea*, no significa más que «nuestra época», es decir, todos nuestros juicios sobre ella son obligatoriamente provisionales e, incluso, subjetivos.

Igual que en otras épocas, el arte ha sido reflejo de la sociedad: algunas tendencias se han centrado en la angustia interior del hombre (Expresionismo), otras muestran la fascinación por el progreso (Futurismo, Música electroacústica y electrónica).

La música se ha visto beneficiada por los avances tecnológicos del siglo:

- Ha llegado a un mayor número de personas.
- Ha conocido otras formas de expresión que han enriquecido su lenguaje.
- Ha podido realizar la búsqueda y utilización de nuevos sonidos.

En la sociedad actual, el consumo de la música, esto es, la manera en la que accedemos a las obras musicales, es muy distinta a la de nuestros antepasados por múltiples razones:

- Tenemos acceso a la música del pasado a través de grabaciones.
- La industria musical está presente en los medios de comunicación y condiciona la música que oímos, creando modas y necesidades de consumo.
- A veces escuchamos la música en el lugar para el que fue compuesta (conciertos), pero otras muchas la oímos fuera de contexto (la televisión, los supermercados, etc.), con lo que su función original cambia.
- Toda la sociedad tiene acceso a la música: es la llamada *cultura de masas*.

DOCUMENTOS PARA UNA ÉPOCA. EL BALLET Y LAS VANGUARDIAS

El ballet y las vanguardias de principios del siglo XX

Los primeros años del siglo XX contemplaron el auge de corrientes musicales opuestas a la estética del Romanticismo. En el centro de muchas de ellas se situaba el ballet.

Michel Fokine (1880-1942), un importante coreógrafo ruso que trabajó en las primeras décadas del siglo XX, escribió sobre los principios del nuevo ballet:

“El quinto principio es la alianza de la danza con las demás artes. El nuevo *ballet*, que se niega a someterse a la música o a la escenografía, y que reconoce la alianza entre las artes solo si se efectúa en un plano de completa igualdad, permite la plena libertad al escenógrafo y al músico. [...] No exige del escenógrafo que vista a las bailarinas con tutú y zapatillas color de rosa. No dicta ninguna condición 'balletística' específica al compositor o al escenógrafo, dejando total libertad a sus facultades de creación.”

Guido SALVETTI
Historia de la música. El siglo XX
Turner

Ana Pavlova en *The Dragonfly*, de 1914. Entre los años 1910 y 1930, el ballet vivió su periodo de esplendor: en él trabajaban todos los grandes compositores y famosos pintores como Picasso diseñaban los decorados. *La consagración de la Primavera* es una obra de Stravinsky del año 1913.

1. En el texto se habla de la alianza de las artes. ¿Recuerdas quién había hablado anteriormente de la «fusión de las artes»?
2. ¿Cuál es en tu opinión sobre el género actual (cine, teatro, musical, videoclip, etc.) que más se acerca a la idea de «alianza de las artes»? Explica tu respuesta.
3. ¿Conoces el nombre de alguna obra del «antiguo» ballet, según palabras de Fokine? ¿Con qué atuendo lo relaciona?

Citas musicales de principios del XX

Las siguientes citas pertenecen a algunos de los músicos más importantes de comienzos del siglo XX:

“Wagner, para expresarnos con un poco de la grandilocuencia que tan bien le va, fue un bello atardecer que se tomó por una aurora.”

Claude DEBUSSY
El señor Corchea
(1.ª ed. en francés en 1911). Alianza

“El Futurismo, la rebelión de la vida, la intuición y el sentimiento, estremecedora e impetuosa primavera, declara la guerra inexorable a las doctrinas, individuos y trabajos que repiten, prolongan o exaltan el pasado a expensas del futuro.”

Balilla PRATELLA (músico futurista, 1911)
en Guido SILVETTI, *Historia de la música. El siglo XX*
Turner

“Cuando digo 'la tonalidad no es una ley natural eterna de la música' enseguida veo cómo los teóricos saltan indignados y ponen el veto a mi honradez.”

Arnold SCHOENBERG
Tratado de armonía
(1.ª edición en alemán en 1911). Real Musical

Desnudo bajando una escalera, de Marcel Duchamp, obra futurista de 1912. Museum of Art de Filadelfia.

4. Explica las ideas principales de cada texto.
5. Escribe un texto con las ideas comunes de las tres citas.

2. El nacimiento de la música moderna: el Impresionismo

Muchos estudiosos de la música consideran que el Impresionismo es la primera corriente musical del siglo XX. En pintura, el Impresionismo surgió en Francia en las últimas décadas del siglo XIX: se basaba en un tratamiento novedoso del color, de la luz y de las formas. Difuminaba los contornos y, en general, buscaba ofrecer la «imagen que vemos» de los objetos y no «cómo son realmente los objetos».

La música impresionista, como la pintura, buscaba su fuente de inspiración en la **naturaleza.** Utiliza técnicas similares a la pintura: por ejemplo, mediante células melódicas aparentemente inconexas e insignificantes —como los trazos de los pintores—, crea evocaciones de paisajes y ambientes.

Ondine. Grabado de 1843.

39 **Escucha** un fragmento de «Ondine», primer movimiento de la obra *Gaspard de la nuit*, de **Maurice Ravel** (1875-1937). Ondine es una ninfa que surge de las aguas y se aparece a un humano.

Los compositores impresionistas buscaban **timbres** —sonidos— novedosos utilizando los instrumentos de manera novedosa, nuevas agrupaciones instrumentales o registros extremos. En la audición, las notas agudas crean un efecto etéreo.

Esta obra utiliza tonalidades distintas en la melodía y el acompañamiento, lo que acentúa la «desconexión» entre ambos elementos. Este efecto, que también utilizarían otros compositores, se llama **politonalidad.** Observa:

6. ¿El tempo es lento o rápido? Justifica tu respuesta.

7. Esta obra está considerada una de las más difíciles para piano de todos los tiempos, ¿en qué crees que consiste su dificultad?

El impresionista Monet pintó la Catedral de Rouen en diferentes momentos del día, estudiando los efectos cambiantes de la luz. Característico de la pintura impresionista es la utilización de trazos sueltos que solo adquieren forma contemplándolos a cierta distancia.

40 **Escucha** *Nuages*, de **Claude Debussy** (1862-1918).

Como los pintores impresionistas, Debussy se interesó por los efectos cambiantes y a la vez estáticos de la naturaleza: las nubes pasando delante del sol, los reflejos en el agua, etcétera.

En *Nuages*, ningún acorde es más importante que otro. No hay sucesión de tiempos fuertes y débiles, de tal forma que el compás ha desaparecido. **Tampoco hay cadencias** como en la música barroca, clásica y romántica, y las **melodías** no tienen contornos claros. Observa:

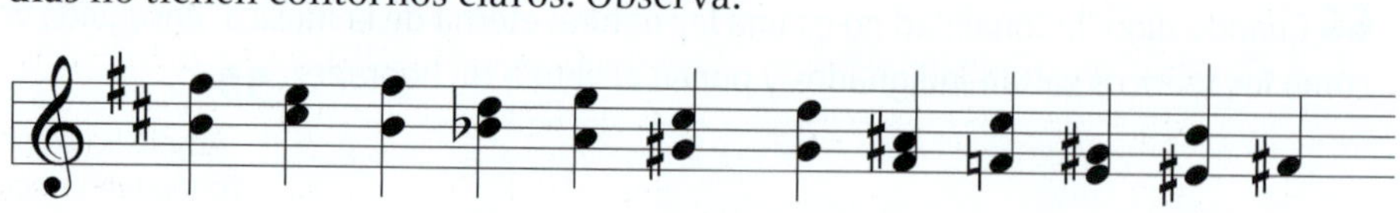

8. ¿Qué sección de la orquesta es la protagonista en este fragmento?

El Impresionismo

Los músicos impresionistas, en sus obras, intentan relacionar sensitivamente el oído, el olfato, la vista y hasta el tacto utilizando títulos para sus obras tan sugerentes como *Preludio a la siesta de un fauno*, *El mar* —ambas de Debussy— o *Rumores de la caleta* —de Isaac Albéniz—.

3. La primera mitad del siglo XX: Expresionismo, Dodecafonismo y Nacionalismo

La corriente que sucedió al Impresionismo en las primeras décadas del siglo XX fue el **Expresionismo.** Surgió en Alemania y no se centró en la naturaleza, sino en el individuo. Es un arte que intenta plasmar, en pintura, teatro, música, danza, etc., la expresión interior del hombre, sus miedos, sus fobias, sus pensamientos más oscuros.

41 **Escucha** el comienzo de «Noche», perteneciente a la obra *Pierrot lunaire*, de **Arnold Schoenberg** (1874-1951).

«Noche»

“Oscuras, gigantescas mariposas negras
mataron el brillo del sol.
Como el libro sellado de un hechicero,
el horizonte duerme en silencio.”

Pierrot lunaire es una obra **atonal,** es decir, no sigue las normas de la tonalidad porque ya no existe jerarquía entre los grados, como la tónica y dominante. Todo se supedita a la expresión y, así, la voz no realiza una melodía «clásica», sino que utiliza el **canto hablado,** más apropiado para expresar el estado de ánimo «oscuro» del poema.

9. ¿Es una música tensa o calmada? Justifica tu respuesta.

10. Describe el acompañamiento que realiza el piano.

11. Describe los contrastes que se producen en la audición.

Figurines de **Picasso** para el ballet *El sombrero de tres picos*, de Falla. Manuel de Falla (1876-1946) es uno de los más grandes compositores españoles. El folclore de Andalucía fue su principal inspiración.

Ahora bien, el atonalismo evolucionó hacia el **Dodecafonismo,** un nuevo sistema en el cual las doce notas de la escala cromática participan por igual en la melodía, en lo que se conoce como **serie dodecafónica** (véase la página 109).

42 **Escucha** un fragmento del segundo movimiento del *Cuarteto de cuerda op. 28* de **Anton Webern** (1883-1945), que utiliza esta serie dodecafónica.

12. Indica, de los siguientes parámetros musicales, cuáles están en primer plano y cuáles tienen una importancia secundaria: ritmo, timbre, melodía, intensidad y armonía.

Finalmente, hemos visto en la Unidad anterior que el **Nacionalismo** en música surgió en el siglo XIX. A principios del siglo XX, esta corriente cobró un nuevo impulso, con jóvenes compositores interesados en expresarse utilizando la **música popular** de sus países. Los compositores nacionalistas, como Béla Bartók (1881-1945) y Manuel de Falla, asimilaron el estilo popular y lo integraron en sus obras cultas. Recogían elementos como giros melódicos, escalas características o incluso instrumentos.

43 **Escucha** la *Danza rumana n.º 6* de **Bartók.** Observa:

13. ¿Cuál es la célula rítmica principal de este fragmento? Justifica tu respuesta.

14. Ordena la escala melódica que se utiliza y explica las diferencias con la escala Mayor.

4. La música culta en la segunda mitad del siglo XX

Algunas **corrientes musicales** de esta época son: la música electrónica, electroacústica, concreta, estocástica, textural, serialismo, música ambiental, música aleatoria, minimalismo, collage, etcétera.

La **exploración de nuevos timbres** y técnicas ha sido una constante en la segunda mitad del siglo XX. Si bien la **electrónica** abrió posibilidades infinitas —nuevos instrumentos, nuevas técnicas de grabación y manipulación del sonido, composición por ordenador, etc.—, otras novedosas tendencias, como la **música textural**, se concebían e interpretaban con instrumentos clásicos.

44 **Escucha** un fragmento de *Lamento por las víctimas de Hiroshima*, de Krzysztof Penderecki (1933).

Esta obra es una investigación sobre los **microtonos**, es decir, los sonidos que están a distancias menores que el semitono. La música utiliza grandes bloques de sonido que van, poco a poco, fluctuando a través de estos microintervalos. Observa:

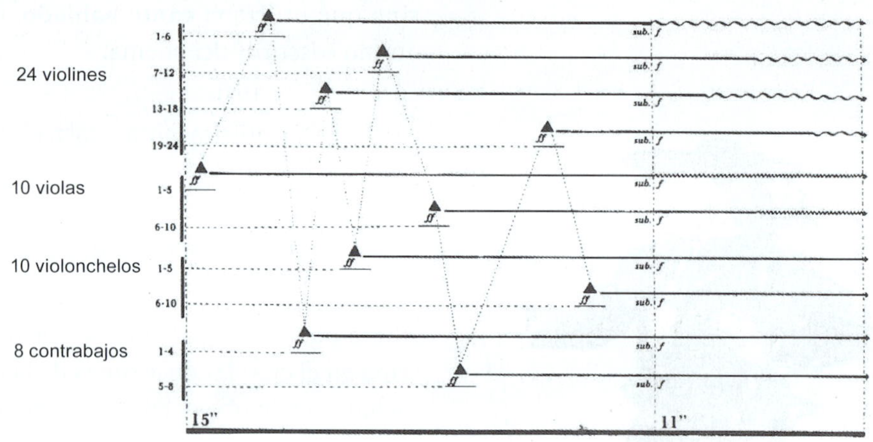

15. ¿Te parece una música expresiva?

16. ¿Qué elementos de la música que podemos considerar tradicionales utiliza el compositor y cuáles están totalmente ausentes en la obra?

El **Minimalismo** es otra tendencia musical que busca la sencillez de medios y estructuras. Surgió como reacción o respuesta a ciertas tendencias en la música contemporánea de la década de 1970, que se caracterizaron por su paulatina complicación e, incluso, empobrecimiento creativo. Por ello, el Minimalismo busca sencillez de medios y estructuras. La música minimalista se reconoce por la **repetición** de elementos melódicos y rítmicos, de manera insistente y estática. Nacido en los años sesenta, volvió a estar de moda años más tarde bajo la etiqueta **New Age.**

45 **Escucha** el comienzo del primer movimiento de *The Desert Music*, de Steve Reich (1936-).

17. Describe con tus palabras lo que sucede en este fragmento.

18. ¿Qué instrumentos escuchas?

19. ¿Conoces algún otro estilo musical basado en ritmos repetitivos?

5. El rock

Desde los Beatles a Lady Gaga, la música pop-rock se mueve a medio camino entre lo artístico y lo comercial, el negocio y el entretenimiento.

A mediados de la década de los cincuenta del siglo XX se produjo una revolución en la música popular urbana: nació el **rock.**

Desde el surgimiento del primer rock & roll se han desarrollado muchos estilos dentro de las músicas populares urbanas: folk, soul, heavy, glam-rock, punk, reggae, rap, grunge, etc. Todos estos estilos de música popular se engloban dentro del fenómeno rock. En torno a la música, ha nacido una cultura que incluye elementos como juventud, moda, rebeldía, etcétera.

La música rock, con la ayuda de la industria del disco y los medios de comunicación de masas, ha llegado fácilmente al gran público. ¿Cuál es su secreto? En buena parte, se trata de una música accesible y que hace un uso sencillo y muy efectivo de los elementos que ha acumulado la tradición musical de Occidente en los últimos siglos, en especial las aportaciones de la música negra norteamericana a través del blues y el jazz. También se ha mostrado siempre abierta a las aportaciones de otras culturas: música africana, latina, de Oriente, etcétera.

32 **Escucha** la canción *Green Onions*, de **Booker T & the MG's**, y sigue este musicograma. Se trata de un ejemplo de estructura de blues de doce compases, con un orden fijo de tres acordes. Ese grupo de compases se repite varias veces, en las que se van alternando los instrumentos solistas.

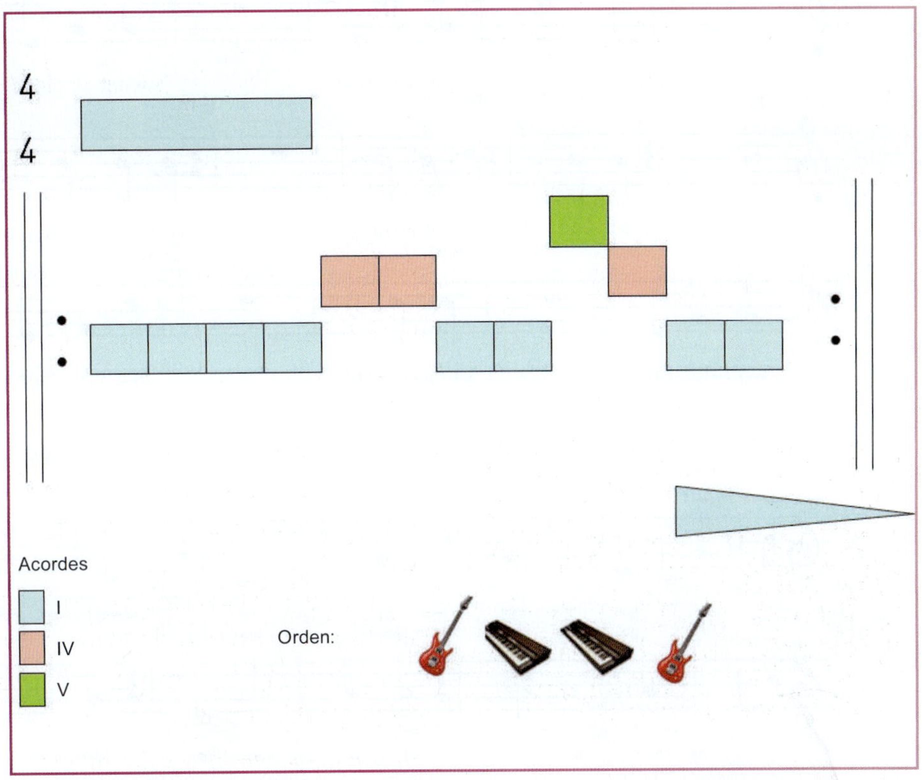

20. Repasa las unidades anteriores. ¿Recuerdas cuándo empezamos a hablar de acordes de tónica, dominante y subdominante? Justifica tu respuesta.

21. En esta audición participan cuatro instrumentos emblemáticos de la música del siglo XX, ¿cuáles son?

6. George Gershwin y el jazz

La primera gran aportación de los Estados Unidos a la historia de la música fue el **jazz.** Algunas de sus características son el empleo de la **improvisación**, una pulsación rítmica constante **(swing)**, escalas e intervalos característicos, ritmos sincopados, etcétera.

El compositor norteamericano **George Gershwin** (1898-1937) escribió obras «cultas» muy influidas por el jazz, así como canciones para musicales de Broadway.

I Got Rytnm aparece en el musical *Un americano en París* (1951).

46 Interpreta con la flauta, o con instrumentos de placas, sobre el arreglo del disco la melodía de *'S Wonderful*, de Gershwin. Escribe los acordes indicados en el cifrado para interpretar el acompañamiento.

33 Ahora, interpreta *I Got Rhythm*, una de las melodías más famosas de George Gershwin.

22. ¿Qué tienen en común ambos temas?

7. La música aleatoria. El pop

Como en el jazz y otros estilos populares, algunos músicos de la vanguardia han otorgado gran libertad al intérprete de sus obras e, incluso, han llegado a crear obras indeterminadas, en las cuales el azar juega un importante papel: no interesa la perfección en el sonido, sino que **el resultado sea irrepetible.**

In C, de **Terry Riley,** es un ejemplo de música aleatoria. Interpreta con tus compañeros estos fragmentos siguiendo las instrucciones del compositor:

“• La obra está dividida en distintos motivos numerados. Cada intérprete puede tocar cada motivo las veces que quiera, aunque siempre seguirá el orden establecido.

- Puede ser tocada por cualquier número de intérpretes, con cualquier instrumento melódico y a cualquier altura.
- Cada intérprete puede dejar de tocar o reincorporarse cuando quiera.
- Habrá un pulso fijo de negra, marcado por un do agudo en algún instrumento.”

Terry Riley.

Observa que el resultado será distinto cada vez que se toque la obra:

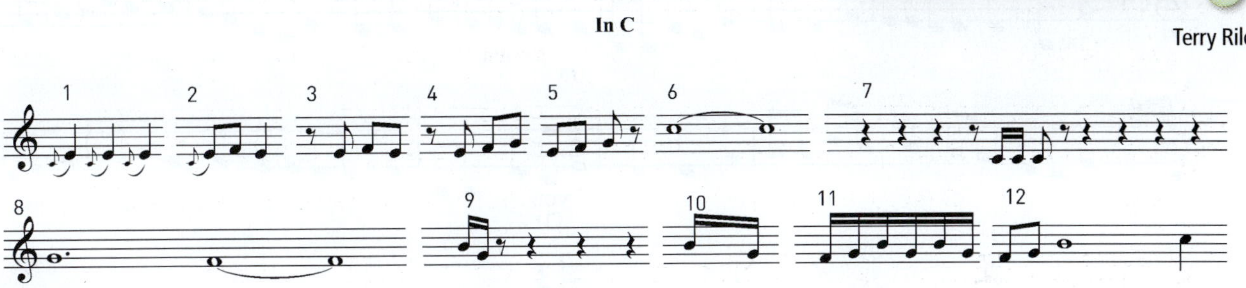

34

La palabra *pop* procede de ‘popular’. Interpreta el tema *They Don’t Care About Us*, de **Michael Jackson** (1958-2009), artista que, recogiendo influencias de la música negra y blanca, ha sido uno de los más importantes artistas pop de las últimas décadas.

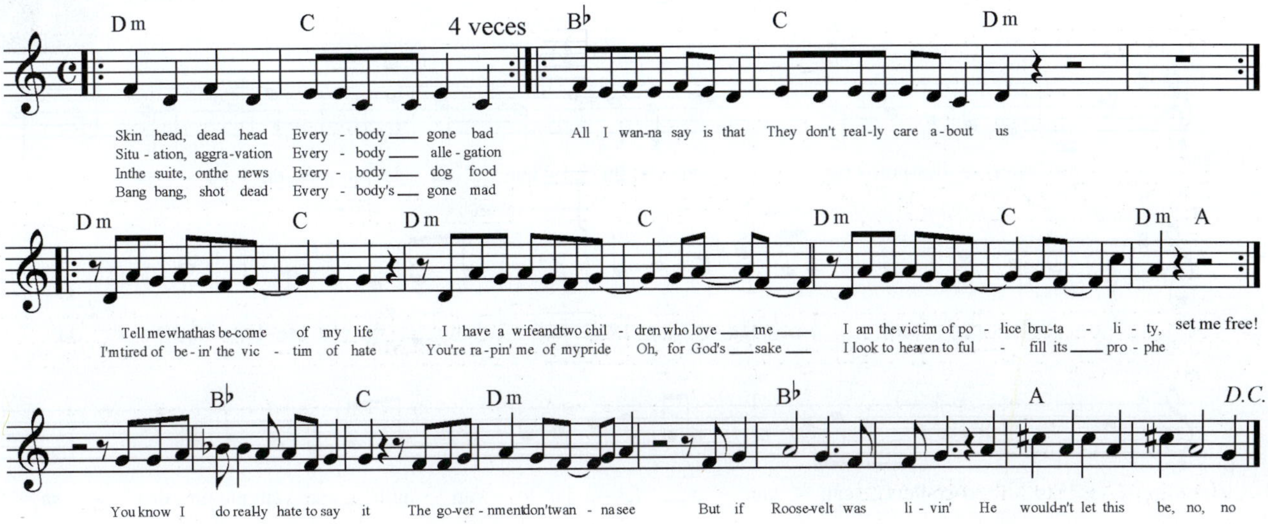

LA MÚSICA ESPAÑOLA DEL SIGLO XX

Escucha el inicio de los tres movimientos del *Concierto de Aranjuez* de **Joaquín Rodrigo** (1901-1999), la obra española más universal, e interpreta los tres temas que toca la orquesta.
Es un ejemplo de música del **Neoclasicismo,** un estilo que utiliza formas como la sonata o el concierto, así como la organización melódica clásica en frases y cadencias.

- Primer movimiento:

35

- Segundo movimiento:

36

- Tercer movimiento:

37

38

Interpreta con la voz o con instrumentos la melodía del *Cant dels ocells*, una canción popular catalana que adaptó el compositor **Pau Casals** (1876-1973). Esta obra se ha convertido en un himno para honrar a los difuntos y en favor de la paz. Por ello, se interpreta en ocasiones solemnes, como los actos conmemorativos de los atentados del 11 de marzo de 2004 de Madrid.

Pau Casals.

Algunas herramientas de la música desde el siglo XX

¿Qué es el gamelán?

1. Realiza una investigación en internet para descubrir los nombres y escuchar los sonidos de los instrumentos que integran un gamelán. Puedes ver un vídeo de un grupo de gamelán en: YouTube, http://www.youtube.com/watch?v=ldPMifPbngc

   Visita, por ejemplo, una aplicación interactiva de la BBC dedicada al gamelán:

   BBC, http://www.bbc.co.uk/radio3/makingtracks/discover.shtml

2. Descubre qué compositor nombrado en esta Unidad se interesó por la música de gamelán.

Gamelán.

El Dodecafonismo

En el **Dodecafonismo,** cada serie tiene un conjunto de 48 series emparentadas que pueden ser utilizadas en la composición: 12 series transportadas, desplazadas en paralelo hacia arriba o hacia abajo; 12 series invertidas (que utilizan los intervalos de la serie en sentido contrario); 12 series retrogradadas (que empiezan de atrás hacia adelante); y 12 con la inversión de la retrogradación.

1. Encuentra las series emparentadas con la utilizada por **Anton Webern** (1883-1845) en el ejemplo de la página 103. Puedes realizarlo manualmente, transportando todos los intervalos. Como en realidad se trata de un ejercicio matemático, existen aplicaciones para generar todas las series.

   Utiliza esta sencilla aplicación: **ComposerTools**. http://composertools.com/Tools/matrix/MatrixCalc.html En ella debes introducir, en notación alfabética, la serie de la obra de Webern y automáticamente se crearán todas las series relacionadas.

2. Crea tu propia serie dodecafónica y realiza el mismo proceso para encontrar las series con las que contarías para realizar una composición dodecafónica.

Anton Webern, de Ward Schumaker (2009).

Música y ordenadores

1. Busca programas o aplicaciones *on-line* disponibles para las siguientes funciones. (En todos los casos existen programas gratuitos y de pago.)
   - Editor de partituras.
   - Secuenciador.
   - Juegos de música.
   - Creación de sonidos.
   - Grabadora multipista.
2. Te pueden ser de utilidad estas direcciones:
   - El enlace «Software» de Aula Contemporánea, http://aulacontemporanea.blogspot.com
   - Las categorías «Software de audio» y «Software de música» de Wikipedia, http://es.wikipedia.org

Creación de música *on-line*

1. Visita la página web Soundation Studio, www.soundation.com/studio. Es una aplicación para crear música *on-line*. Puedes crear una breve secuencia utilizando los samplers del menú de la derecha y situándolos en los cuatro canales disponibles. También puedes escuchar tu mezcla y compartirla con tus compañeros. Guárdala con el icono .

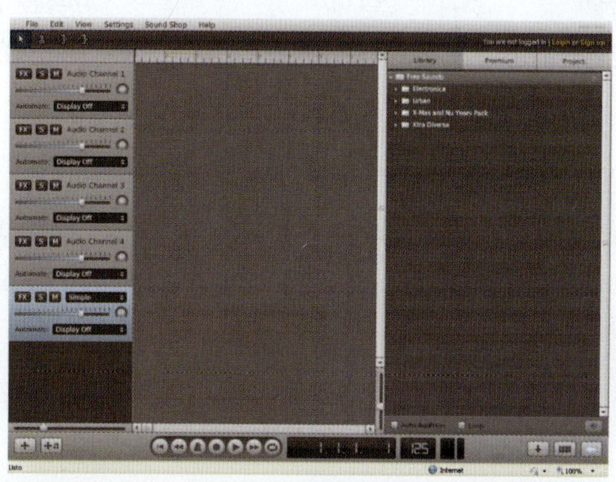

ACTIVIDADES

1. Completa en tu cuaderno el siguiente mapa conceptual:

2. Relaciona en tu cuaderno compositores, estilos y obras:

• Stravinsky	• Nacionalismo	• *Nuages*
• Bartók	• Neoclasicismo	• *They Don't Care About Us*
• Riley	• Música aleatoria	• *Pierrot lunaire*
• Rodrigo	• Minimalismo	• *Concierto de Aranjuez*
• Gershwin	• Impresionismo	• *The Desert Music*
• Debussy	• Música textural	• *Consagración de la Primavera*
• Reich	• Pop	• *Danza rumana*
• Schoenberg	• Expresionismo	• *Lamento por las víctimas de Hiroshima*
• Michael Jackson	• Ballet	• *'S Wonderful*
• Penderecki	• Jazz	• *In C*

3. Reflexiona sobre qué ventajas tiene la existencia de internet para los músicos actuales. ¿Tiene algún inconveniente? Justifica tu respuesta con un breve texto.

ACTIVIDADES

4. Las partituras de muchas obras del siglo XX están anotadas con extremo detalle. Escribe en tu cuaderno todos los signos que aparecen en la siguiente partitura y busca su significado:

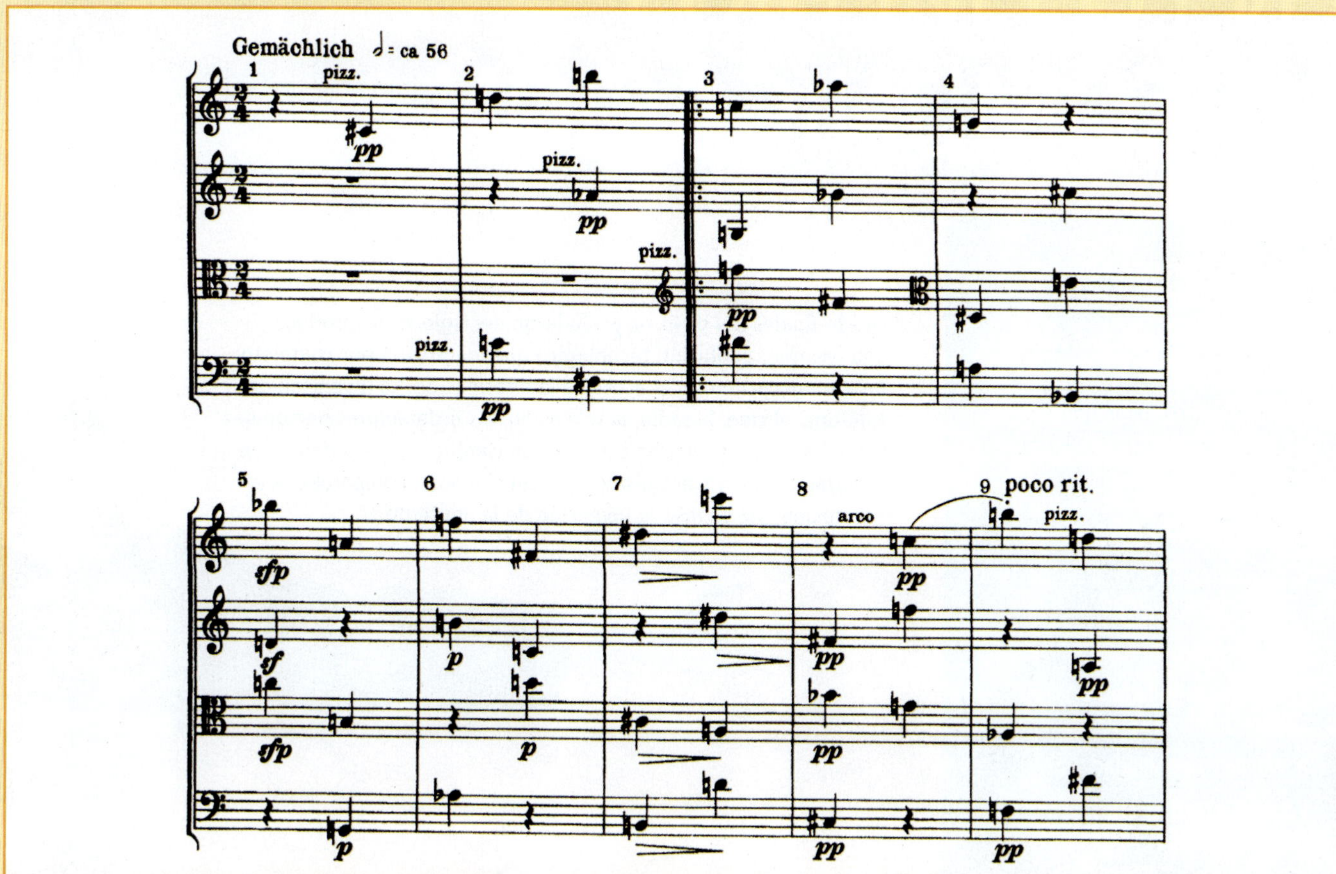

5. Reflexiona sobre el consumo de la música en nuestra sociedad actual completando en tu cuaderno el siguiente cuadro:

Lugar en el que oímos la música	¿Se trata de música grabada o música en vivo?	¿La música es un elemento principal o secundario?	¿Qué finalidad tiene la música en ese contexto?	¿El oyente (nosotros) participa activamente en la música?
Auditorio, teatro con foso		Principal	La música en sí misma	
Circo, festejos taurinos, plaza de una localidad	En vivo			No
Cine			Acompaña las imágenes	
Discoteca	Grabada			
Equipo de música de tu vivienda				
Televisión, radio	Grabada			
Bares, tiendas...		Secundario		
Iglesia			Religiosa	Sí

LA MÚSICA EN LOS MEDIOS DE COMUNICACIÓN

¿UNA REVOLUCIÓN?

Desde finales del siglo XIX y a lo largo del siglo XX, se produce una enorme revolución tecnológica que modificará por completo las comunicaciones y el acceso a la información. La invención del teléfono, el cine, la radio, la televisión, los ordenadores personales y, finalmente, internet ha supuesto un cambio sin precedentes en la organización y transmisión del conocimiento, comparable a la revolución que supuso la invención de la imprenta.

El Radio City Music Hall se contruyó en Nueva York en 1932 y se convirtió en un gran centro de radiodifusión musical.

West Side Story (1961) con música de Leonard Bernstein, revolucionó el musical con sus novedosos bailes coreografiados por Jerome Robbins.

NO HAY CINE SIN MÚSICA

El cine y la música han viajado juntos desde que aquél naciera a finales del siglo XIX. Músicas poco concocidas para el gran público, como *Así habló Zaratustra* de Richard Strauss, de 1896, o el *Requiem* de György Ligeti, de 1965, se hicieron universalmente conocidas en la película *2001: una Odisea en el espacio.*

Por otra parte, músicas que se crearon para el cine musical se reconocen como verdaderas obras maestras.

¿Quién no recuerda a Julie Andrews en *The Sound of Music* ('Sonrisas y lágrimas'), obra maestra del cine musical, de 1965?

39

Escucha la banda sonora «The battle», de la película *Gladiator* (2000), compuesta por **Hans Zimmer.**

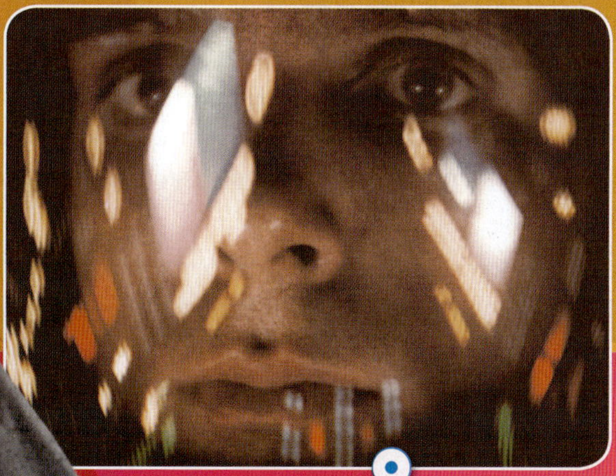

2001: una Odisea en el espacio.

1. ¿Qué te sugiere la música de *The Battle*? ¿Qué tipo de escena crees que podría ilustrar esta música?
2. ¿Recuerdas cuándo se inventó la imprenta y qué supuso para el acceso a la información?
3. Calcula cuántas horas al día escuchas música. Ahora imagina cómo sería tu vida en un mundo en el que solamente pudieras escuchar música cuando alguien tocara o cantara en directo. Escribe un pequeño relato sobre este tema.
4. ¿Sabes qué sistema se utilizaba en el cine mudo para mostrar los diálogos de los personajes y la narración del argumento? ¿Cómo era su música?

1. La evolución de los medios de comunicación

La grabación del sonido

Fonógrafo de Edison.

A finales del siglo XIX apareció el **fonógrafo**, un revolucionario aparato inventado por **Thomas Alva Edison** (1847-1931) que permite grabar y reproducir sonidos en un cilindro recubierto de cera. De esta manera surge la grabación del sonido, un fenómeno que modificará por completo la relación del ser humano con la música. Poco después apareció el **gramófono**, una máquina basada en los mismos principios que el fonógrafo, pero en la que se ha sustituido el cilindro por un disco de pizarra. A mediados del siglo XX, apareció la grabación sonora sobre **cinta magnetofónica**, un sistema que todavía se sigue empleando en los estudios profesionales de grabación. Por esa misma época, aparecieron los primeros **discos de vinilo**, que tendrían un enorme éxito hasta finales del siglo XX. Pero todos estos sistemas, basados en la grabación y reproducción analógica del sonido, comenzarían su declive en la década de 1980, cuando se comercializó por primera vez la grabación de **sonido digital:** el CD. Además, en la década de 1990, aparecieron nuevos formatos de grabación, como el MP3, que permitían reducir considerablemente el tamaño digital de los archivos de sonido.

El cine

Cartel anunciador del cinematógrafo de los hermanos Lumière (1895).

La invención del cine también se remonta a finales del siglo XIX. Los **hermanos Lumière** inventaron un aparato que permitía tomar y proyectar fotografías a gran velocidad, creando así la ilusión de la imagen en movimiento. Desde ese momento hasta la actualidad, muchos avances se han sucedido: la invención del cine sonoro, el cine en color, los efectos especiales digitales, etcétera.

La radio, la televisión e internet

La radio, que permite la difusión a gran escala de información y música, apareció a principios del siglo XX. Unos años después, la televisión, que incluía además la difusión de imagen, empezó a extenderse por el mundo. Estos dos inventos supusieron un enorme cambio social.

En las últimas décadas internet ha revolucionado el mundo de la información y de las comunicaciones, transformación que no tiene precedentes. A través de la red, podemos leer cualquier periódico del mundo, acceder a bibliotecas, consultar enciclopedias, visitar museos, comprar cualquier producto, etcétera.

@

1. Busca en internet un vídeo de las primeras películas de cine mudo. (Puedes escribir en YouTube «silent film first Films», «Lumière brothers first films» o «Méliès films».) ¿Qué tipos de temas tratan? ¿Hay argumentos definidos? ¿Cómo es la calidad de la imagen? ¿Cómo es la música que acompaña el vídeo?
2. Averigua cómo era la televisión antes de que tú nacieras. ¿Era en color? ¿Existía el mando a distancia? ¿Cuántos canales había? Consulta a tus familiares y conocidos mayores.

DOCUMENTOS PARA UNA ÉPOCA. SONIDO GRABADO Y MÚSICA DE CINE

La magia del sonido grabado

La invención de los sistemas de grabación de sonido a finales del siglo XIX supuso un hito sin precedentes en la historia de la música. Los artistas de la época pronto se dieron cuenta de las excepcionales posibilidades de los primeros sistemas de grabación del sonido. El compositor francés **Claude Debussy** (1862-1918) y el escritor británico **Aldous Huxley** (1894-1963) opinaban, acerca del gramófono, lo siguiente:

“El gramófono me parece un instrumento maravilloso. Además, garantiza a la música una inmortalidad meticulosa y completa.”

“Tengo música aquí, en una caja callada, como uno de esos genios embotellados de las mil y una noches, listo para salir de su prisión con un solo toque.”

Claude Debussy y Aldous Huxley (respectivamente)
en I. Crofton y D. Fraser,
A Cappellla: diccionario de citas de la música y los músicos
Robinbook

Interior con fonógrafo, de Henri Matisse (1924). Colección particular.

3. ¿En qué medida piensas que la aparición del sonido grabado afectó a la relación entre música y oyente?

4. Busca en internet —en YouTube— un vídeo de un gramófono y otro de un fonógrafo. Escribe una pequeña redacción explicando las similitudes y diferencias que hay entre ambos aparatos.

La música en el cine

En el siguiente texto, el compositor **Mariano Marín** reflexiona sobre el papel de la música en el cine:

“La música tiene tanta importancia que puede arruinar todo: el guion, el trabajo de los actores, el de la cámara, el del director. Pero también puede ayudar. La música es un actor más; un actor que además cuenta muchísimas cosas, que evoca sensaciones y permite interpretar lo que se ve. La música es, de alguna manera, lo que está pensando el actor, lo que está pasando o lo que va a pasar.”

Mariano Marín
en C. Vera, *Cómo hacer cine.*
Tesis de Alejandro Amenábar
Fundamentos

Cartel anunciador de *El pianista* (2002).

5. ¿Por qué Mariano Marín opina que la música es un actor más?

6. Explica el significado de esta idea: «La música [...] es lo que está pensando el actor».

Sam toca y canta la célebre *As Time Goes By* en el café de Rick. *Casablanca* ganó el Óscar a la mejor película en 1943.

El leitmotiv del «Lado oscuro» que lidera el malvado Darth Vader es una marcha militar. A menudo, se utiliza para informar al espectador de que la nave espacial que aparece en pantalla es del Imperio y no de la Resistencia.

47 **7.** Escucha estos dos leitmotive. ¿Son motivos apropiados para representar a los personajes a los que se asocian? Argumenta tu respuesta.

@ **8.** Busca en internet —YouTube— un fragmento de película con música diegética y otro con música extradiegética. Realiza un comentario de ambas músicas en el que valores su carga emocional y artística.

2. Música de cine: elementos

«La música de cine no es jazz, no es pop, no es clásica ni vanguardista. Es un conjunto de todas y al mismo tiempo de ninguna de ellas. Es un nuevo tipo de música: la música del siglo XX». Con estas palabras explicaba el compositor **Ennio Morricone** qué era para él la música de cine. En efecto, se trata de un género distinto a los demás que posee una serie de características propias.

Música diegética y música extradiegética

La música que escuchamos en una película puede ser diegética o extradiegética.

- La **música diegética** es aquella que está justificada argumentalmente en la película, es decir, aquella que escuchan los personajes. Hay muchos ejemplos de la utilización de música diegética en el cine: los músicos que aparecen en la cubierta del Titanic tocando en *Titanic,* el piano y la voz de Sam en *Casablanca,* etcétera.
- La **música extradiegética** no está justificada en el argumento de la película. Se conoce popularmente como música de fondo. Suele ser mucho más frecuente que la diegética. Como ejemplo, recuerda los principales temas musicales de *Star Wars (La guerra de las galaxias)* o de *El señor de los anillos.* En estos casos, la música solo es escuchada por el espectador y no por los personajes.

Técnica compositiva: el leitmotiv

El recurso compositivo más utilizado en la música de cine es el **leitmotiv,** que, como sabes, ya había sido utilizado en la ópera del siglo XIX. Consiste en asociar un tema musical a un personaje, objeto, lugar o situación. El uso del leitmotiv confiere unidad formal a la música de cine, que por definición es discontinua. Además, permite establecer interesantes referencias auditivas para el espectador, que en ocasiones le aportan información argumental y a veces le sirven simplemente para enfatizar un sentimiento.

En una película, un leitmotiv no tiene por qué aparecer siempre exactamente igual. De hecho, en muchas ocasiones el compositor lo varía ligeramente para adaptarlo a la situación concreta. Así, podemos encontrarnos con un leitmotiv que cada vez es interpretado por instrumentos diferentes o con un ritmo ligeramente distinto, aunque el tema es perfectamente reconocible. Observa el leitmotiv del «Lado oscuro» de *Star Wars.*

Por su parte, este leitmotiv asociado a Indiana Jones es utilizado en escenas de acción para reforzar el carácter heroico del protagonista. Cuando el espectador lo escucha, sabe que el personaje va a salir bien parado de la difícil situación en la que se halla.

3. Música de cine: funciones

La música puede desempeñar multitud de funciones en el cine. Y en muchos casos, incluso varias a la vez. A continuación, exponemos algunas de las más frecuentes.

Scott Bradley, el director musical de la serie *Tom y Jerry*, utilizó el jazz, la música clásica y el pop para ilustrar los movimientos y sonidos de los personajes.

1. **Descripición del movimiento.** La música describe el movimiento y sustituye el sonido ambiente. Esta técnica se emplea habitualmente en el cine de dibujos animados y se conoce con el nombre de ***mickeymousing.*** Imagina un personaje que baja unas escaleras rápidamente: la música podría indicar su movimiento mediante una escala descendente haciendo coincidir las notas con las pisadas del personaje. Imagina que cuando llega hasta abajo resbala y se cae: el golpe podría ser ilustrado musicalmente con un acorde fuerte y disonante en el momento del impacto.
2. **Contexto espacio-temporal.** La música puede situar al espectador en un lugar y en un tiempo determinados. Si escuchamos música de gaitas, muy posiblemente la acción se sitúe en Escocia, Irlanda, Galicia o Asturias. Si escuchamos canto gregoriano, seguramente la historia transcurra en la Edad Media.
3. **Descripción de los personajes.** La música informa al espectador sobre el componente psicológico de los personajes, sobre su estado anímico, sus emociones. Para mostrar, por ejemplo, el estado de inquietud y preocupación de un personaje se puede utilizar una música rápida, atropellada y disonante.
4. **Creación de ambientes.** La música crea una atmósfera para la escena: terrorífica, cómica, dramática, romántica, etc. En muchas ocasiones, predispone al espectador y anticipa los acontecimientos, como sucede a menudo en el cine de terror. En otros momentos, se utiliza para amplificar los sentimientos y las emociones que se muestran en pantalla.
5. **Nexo entre secuencias.** La música también desempeña una función estructural, al servir de nexo entre secuencias. De esta manera, el salto espacial o temporal que se produce de una secuencia a otra será percibido por el espectador de una forma mucho menos brusca cuando la música continúa entre una y otra sin interrupción. Podríamos decir que la música actúa aquí como una «especie de cemento».

En www.youtube.com/watch?v=ucMLFO6TsFM podrás ver cómo la música compuesta por John Williams crea diferentes ambientes en la película *Tiburón* (1975).

48 **9.** Escucha los siguientes fragmentos de bandas sonoras que se corresponden con los fotogramas de tres películas. Intenta relacionar la música con su fotograma correspondiente. Después, explica qué funciones crees que desempeña la música en cada momento.

a)

b)

c)

MÚSICAS FOLCLÓRICAS Y TRADICIONALES DEL MUNDO

MÚSICAS DEL PLANETA

Si hasta ahora nos hemos ocupado, principalmente, de la música occidental culta, es decir, de la música que ha sido escrita e interpretada a lo largo de la historia occidental dentro de un contexto culto, existen otras muchas culturas musicales a lo largo y ancho del mundo.

A lo largo de la historia, como bien sabrás, la expresión musical ha acompañado diferentes y variadas manifestaciones culturales en todos los rincones del planeta. No existe un único sistema musical, ni tampoco un procedimiento compositivo igual para todos, ni tan siquiera el uso de los instrumentos musicales es el mismo en todo el mundo. Precisamente, aquí radica la riqueza de la diversidad musical que, gracias a los medios de comunicación actuales, podemos conocer, analizar, escuchar e, incluso, interpretar.

Músicos mexicanos en carnaval.

Músicos africanos con sonajas en los tobillos.

3. Música de cine: funciones

La música puede desempeñar multitud de funciones en el cine. Y en muchos casos, incluso varias a la vez. A continuación, exponemos algunas de las más frecuentes.

1. **Descripición del movimiento.** La música describe el movimiento y sustituye el sonido ambiente. Esta técnica se emplea habitualmente en el cine de dibujos animados y se conoce con el nombre de ***mickeymousing.*** Imagina un personaje que baja unas escaleras rápidamente: la música podría indicar su movimiento mediante una escala descendente haciendo coincidir las notas con las pisadas del personaje. Imagina que cuando llega hasta abajo resbala y se cae: el golpe podría ser ilustrado musicalmente con un acorde fuerte y disonante en el momento del impacto.
2. **Contexto espacio-temporal.** La música puede situar al espectador en un lugar y en un tiempo determinados. Si escuchamos música de gaitas, muy posiblemente la acción se sitúe en Escocia, Irlanda, Galicia o Asturias. Si escuchamos canto gregoriano, seguramente la historia transcurra en la Edad Media.
3. **Descripción de los personajes.** La música informa al espectador sobre el componente psicológico de los personajes, sobre su estado anímico, sus emociones. Para mostrar, por ejemplo, el estado de inquietud y preocupación de un personaje se puede utilizar una música rápida, atropellada y disonante.
4. **Creación de ambientes.** La música crea una atmósfera para la escena: terrorífica, cómica, dramática, romántica, etc. En muchas ocasiones, predispone al espectador y anticipa los acontecimientos, como sucede a menudo en el cine de terror. En otros momentos, se utiliza para amplificar los sentimientos y las emociones que se muestran en pantalla.
5. **Nexo entre secuencias.** La música también desempeña una función estructural, al servir de nexo entre secuencias. De esta manera, el salto espacial o temporal que se produce de una secuencia a otra será percibido por el espectador de una forma mucho menos brusca cuando la música continúa entre una y otra sin interrupción. Podríamos decir que la música actúa aquí como una «especie de cemento».

Scott Bradley, el director musical de la serie *Tom y Jerry*, utilizó el jazz, la música clásica y el pop para ilustrar los movimientos y sonidos de los personajes.

En www.youtube.com/watch?v=ucMLFO6TsFM podrás ver cómo la música compuesta por John Williams crea diferentes ambientes en la película *Tiburón* (1975).

48 **9.** Escucha los siguientes fragmentos de bandas sonoras que se corresponden con los fotogramas de tres películas. Intenta relacionar la música con su fotograma correspondiente. Después, explica qué funciones crees que desempeña la música en cada momento.

a)

b)

c)

4. La música en el cine mudo y en los comienzos del cine sonoro

En sus más de cien años de historia, el cine ha experimentado numerosas transformaciones técnicas y estéticas. La música no ha sido ajena a ellas y ha evolucionado de forma paralela. Sin duda, el cambio que más afectó a la música fue la transición del cine mudo al cine sonoro.

El cine mudo

El **origen de la música de cine** se remonta a la primera proyección de la historia, un 28 de diciembre de 1895 en París. En aquella ocasión, un pianista en directo acompañaba las misteriosas imágenes bidimensionales en movimiento. Sobre el origen de la música de cine hay diferentes **teorías.** Algunos piensan que apareció simplemente para ocultar el molesto ruido del proyector. Otros opinan que se utilizó para humanizar de alguna manera las imágenes silenciosas que aparecían en la pantalla.

Durante la época del cine mudo —hasta el año 1927—, la música era interpretada en directo por un pianista o por un conjunto de cámara. Los músicos utilizaban colecciones de piezas estándar para acompañar determinadas escenas. Así, para ilustrar una escena de terror, disponían de una serie de partituras y, para ilustrar una escena de amor, de otras. De este modo, una misma pieza musical servía para acompañar escenas de diferentes películas. Estas colecciones estaban integradas por piezas de nueva creación y por obras del repertorio clásico: marchas fúnebres para describir una muerte, marchas nupciales para ilustrar una boda, música militar para ambientar una guerra, etcétera.

Al Jonson en *The Jazz singer* (1927). Al Jonson (1885-1950) fue uno de las grandes estrellas del cine y teatro musical americanos.

Clark Gable y Vivien Leigh en *Lo que el viento se llevó* (1939).

El cine sonoro

El paso del cine mudo al sonoro fue, quizás, el hecho más significativo en la historia del cine desde su invención. Aunque se habían realizado algunas pruebas anteriormente, se considera que la primera película sonora de la historia fue *El cantante de jazz*, de 1927. A partir de esta fecha, la música de cine comienza una nueva etapa completamente diferente: pasa de ser en directo a ser grabada; de ser el único elemento sonoro a coexistir con los diálogos y el sonido ambiente; de tener una presencia continuada en las películas a tenerla discontinua, en bloques aislados. No obstante, a pesar de perder el protagonismo del que había gozado en la etapa del cine mudo, la música ganará en calidad, ya que cada película contará a partir de ahora con su propia partitura original.

Tras la aparición del sonoro, durante las décadas de 1930, 1940 y 1950, la industria cinematográfica viviría un momento de gran productividad. Es la época dorada de los grandes estudios norteamericanos como 20th Century Fox o Warner Brothers. La música de cine también pasó por un magnífico momento. Se crearon departamentos musicales perfectamente organizados que estaban integrados por un director musical, varios compositores, arreglistas, orquestadores, copistas e, incluso, una orquesta sinfónica. Esta especialización del trabajo permitía producir bandas sonoras de gran calidad en muy poco tiempo. En cuanto al estilo empleado, en esta época es el sinfónico para gran orquesta.

49 **10.** Escucha tres de las piezas clásicas que más se utilizaron en la etapa del cine mudo para ilustrar las películas. Sugiere para qué tipo de escena se podría interpretar cada una de ellas.

50 **11.** Escucha un fragmento de la banda sonora de *Lo que el viento se llevó*, prototipo de la música sinfónica de la época dorada de Hollywood. Tras una breve introducción, se expone el leitmotiv principal de la película. ¿Qué sección de la orquesta interpreta la melodía de este tema? Finalmente, define con tus palabras la atmósfera que crea esta música.

7. La música en la radio y en la televisión

Abba ganó en 1974 el Festival de Eurovisión con la canción *Waterloo.*

La música ha jugado siempre en la radio un papel fundamental. Las primeras emisiones radiofónicas regulares comenzaron en 1920 en Estados Unidos. En un principio, casi toda la música se interpretaba en directo. Por ello, las emisoras contaban con sus propias orquestas para acompañar los distintos espacios. Casi siempre, la música cumplía la función de introducir programas —mediante las sintonías—, acompañar las locuciones y rellenar los espacios de silencio. Paulatinamente, la música fue adquiriendo más importancia hasta llegar a ser protagonista indiscutible en los programas denominados **musicales.** Los más importantes hoy en día son las **radiofórmulas:** en ellas se confecciona una lista con las canciones y discos más vendidos y escuchados. El ejemplo más claro es el programa de los 40 Principales.

Las primeras emisiones públicas de televisión tuvieron lugar a finales de la década de 1920 en Inglaterra y Estados Unidos. En España, se empezó a emitir regularmente en 1956. Se trata del medio de comunicación más extendido en la actualidad. La presencia de música en la televisión es constante: sintonías de programas, películas, series, documentales, noticias, etc. También hay programas e incluso canales dedicados exclusivamente a la música, que suelen alternar actuaciones en plató de grupos y solistas con videoclips. Este formato, que nació con una clara intención comercial, ha alcanzado una gran popularidad en el medio televisivo. Tanto la radio como la televisión han sabido aprovechar también el avance tecnológico que vivimos actualmente. Así, las emisoras y cadenas pueden retransmitir sus programas a través de internet, de modo que podemos escuchar y ver cualquier retransmisión desde cualquier lugar.

Interpreta este arreglo a tres voces del *Te Deum* del compositor barroco Marc-Antoine Charpentier (1643-1704). Esta música ha servido de sintonía para los programas televisivos distribuidos a través de la red de Eurovisión y es especialmente célebre por ser el tema de apertura del Festival de música de Eurovisión.

8. Música y publicidad

La música es un ingrediente esencial en los anuncios publicitarios, tanto radiofónicos como televisivos. En este caso, la música es utilizada como reclamo comercial para llamar la atención de los consumidores. En la publicidad radiofónica, la música complementa a la voz que anuncia el producto. En televisión, la publicidad cuenta además con otra poderosa aliada: la imagen.

Uno de los recursos habituales de la música en publicidad es el ***jingle.*** Se trata de un eslogan musical, una melodía original normalmente breve que se asocia al producto que se anuncia. Uno de los *jingles* más conocidos es el de Coca Cola:

En otras ocasiones, los publicistas optan por utilizar música ya existente que resulte adecuada para anunciar el producto. Puede ser clásica o popular (pop, rock, jazz, etc.) en función del público al que vaya dirigido el anuncio.

Mucha música del repertorio clásico ha llegado al gran público gracias a la publicidad. Una marca de ropa utilizó en una de sus campañas la famosa *Zarabanda* del compositor barroco Haendel. Esta misma obra también fue utilizada en el cine por el director **Stanley Kubrick** (1928-1999) en su película *Barry Lyndon.* Interprétala con flautas y xilófono.

Escena de *Barry Lindon* (1975).

14. Busca en internet el anuncio de la marca de ropa Levis donde aparece la *Zarabanda* de Haendel. (Escribe en YouTube «Levis Sarabande».) Explica qué efecto produce en el espectador la mezcla del ritmo visual (movimiento de los personajes) y del ritmo y carácter musicales.

La música en internet

A través de la red encontramos muchísima información sobre música. Para seleccionarla, podemos clasificar las páginas web en cinco grupos atendiendo a los contenidos que encontramos en aquellas:

1. **Páginas divulgativas.** Encontramos información sobre grupos musicales, intérpretes, compositores, estilos musicales, conciertos, entrevistas, crítica musical, etcétera.

Web de la revista *Doce Notas*.

2. **Páginas de partituras.** Ofrecen partituras —originales y arreglos— de los más diversos estilos. Suelen estar en formato PDF.

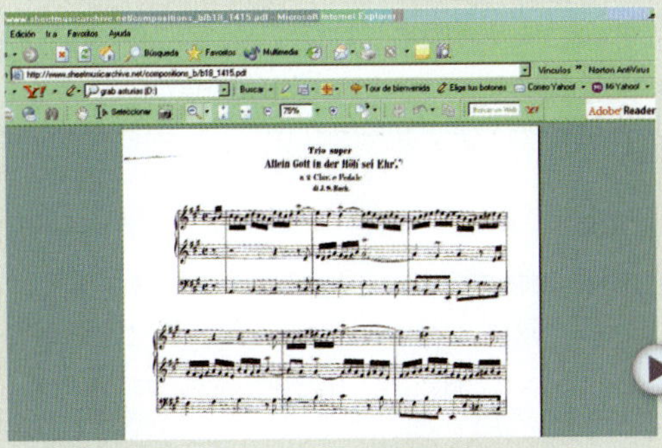

www.sheetmusicarchive.net

3. **Páginas de archivos sonoros.** Cada vez se escucha más música a través de la red. Internet ha convulsionado el mercado de la música grabada. La posibilidad de enviar y recibir canciones con una calidad digital gracias al sistema de compresión de datos MP3 ha supuesto un gran desarrollo en la industria discográfica. En consecuencia, las compañías están explorando nuevas formas de distribución a través de internet para abaratar los costes al usuario y combatir la piratería musical.

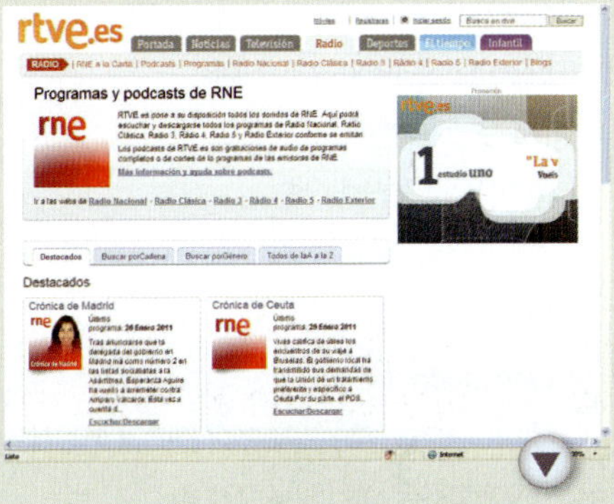

Archivos sonoros de Radio Clásica (Radio Nacional de España).

4. **Páginas didácticas.** Tienen como objetivo enseñar aspectos concretos sobre música. Existen páginas para aprender elementos del lenguaje musical, para aprender a tocar un instrumento, de entrenamiento auditivo, etcétera.

http://prleon.galeon.com/tecladoacordespaseodefa.htm

5. **Páginas comerciales.** Son portales a través de los cuales se pueden comprar discos, partituras, libros de música, instrumentos y entradas para conciertos.

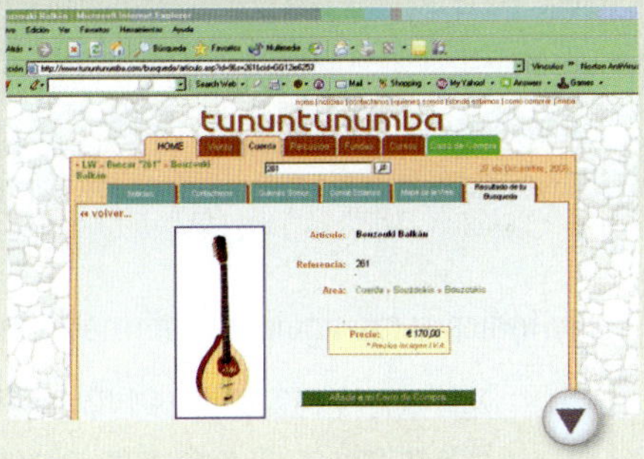

www.tununtunumba.net

@

- Busca en internet dos web de cada una de las categorías que hemos visto y crea en un documento de texto una tabla con un pequeño directorio de páginas musicales donde apuntes la dirección web correspondiente, así como una breve descripción de cada portal.

NOMBRE DEL PORTAL	DIRECCIÓN WEB	CATEGORÍA	CONTENIDOS	OTROS ASPECTOS

Palabras clave

Aunque cada vez hay más páginas web en castellano, todavía el dominio de los portales en inglés es abrumador.

Score: partitura.
Sheet music: hoja de música, partitura.
Lyrics: letra de una canción.
Chords: acordes.
Tabs: tablaturas con acordes de guitarra.
Keyboard: teclado.
On-line: en la red.

ACTIVIDADES

1. Completa en tu cuaderno el siguiente mapa conceptual:

MÚSICA EN LOS MEDIOS DE COMUNICACIÓN

MÚSICA DE CINE

Elementos

Música diegética (justificada en el argumento).

Música extradiegética (no justificada en el argumento).

Leitmotiv: tema musical que se asocia a un personaje, ...

Funciones

Descripción del movimiento.

Contexto espacio-temporal.

Descripción de los personajes.

Creación de ambientes.

Nexo entre secuencias.

.....

Historia

Cine mudo

Música en directo (piano, órgano u orquesta).

Interpretación de música culta.

Cine sonoro

Época dorada (1930-1960). Estilo sinfónico de las grandes orquestas

El rock, el pop y el jazz (1960-1980) entran con fuerza en el cine.

La música sinfónica vuelve a ser dominante (1980 hasta nuestros días).

Cine musical

Género que alterna números cantados, partes dialogadas y .....

MÚSICA EN RADIO Y TELEVISIÓN

La música en la radio y en la televisión desempeña diferentes funciones: introducción de programas, series (sintonía o cabecera), acompañamiento de locuciones.

El formato de programa musical más extendido se llama radiofórmula: listas de canciones y discos más vendidos.

La música es un elemento fundamental en la publicidad televisiva y radiofónica. Un recurso habitual es el *jingle:* .....

MÚSICA EN INTERNET

Páginas divulgativas, páginas de partituras, páginas de archivos sonoros, ...

2. Indica si las siguientes afirmaciones son verdaderas o falsas:

a) Si un personaje de una película aparece en pantalla tocando el piano, la música es diegética.

b) El leitmotiv es un tema musical que se asocia solamente a los personajes.

c) La música en el cine mudo es en directo.

d) Una radiofórmula es un programa de música clásica.

e) En internet, existen páginas para aprender a tocar un instrumento.

ACTIVIDADES

3. Vamos a analizar la música de varios anuncios televisivos. Para ello, escoge algunos de los anuncios que se pueden ver en televisión, visualízalos y sigue el siguiente esquema:

PRODUCTO ANUNCIADO	DURACIÓN	ARGUMENTO	MÚSICA PRESTADA/ ORIGINAL	ESTILO MUSICAL	PÚBLICO AL QUE SE DIRIGE	EFECTO PRODUCIDO POR LA MÚSICA

4. Crea un *jingle* para una campaña hipotética sobre el fomento de la lectura. Interprétalo en clase junto a tus compañeros y haced una puesta en común de todas vuestras composiciones.

5. Relaciona las imágenes con los siguientes conceptos:

a) Cine mudo.

b) Música diegética.

c) Cine musical.

d) Sintonía o cabecera.

e) *Jingle*.

MÚSICAS FOLCLÓRICAS Y TRADICIONALES DEL MUNDO

MÚSICAS DEL PLANETA

Si hasta ahora nos hemos ocupado, principalmente, de la música occidental culta, es decir, de la música que ha sido escrita e interpretada a lo largo de la historia occidental dentro de un contexto culto, existen otras muchas culturas musicales a lo largo y ancho del mundo.

A lo largo de la historia, como bien sabrás, la expresión musical ha acompañado diferentes y variadas manifestaciones culturales en todos los rincones del planeta. No existe un único sistema musical, ni tampoco un procedimiento compositivo igual para todos, ni tan siquiera el uso de los instrumentos musicales es el mismo en todo el mundo. Precisamente, aquí radica la riqueza de la diversidad musical que, gracias a los medios de comunicación actuales, podemos conocer, analizar, escuchar e, incluso, interpretar.

Músicos mexicanos en carnaval.

Músicos africanos con sonajas en los tobillos.

¿ES LA MÚSICA UN LENGUAJE UNIVERSAL?

«La música es un fenómeno universal, pero cada cultura tiene la suya y aprender a comprender la música de otras culturas es, en muchos aspectos, como aprender una lengua extranjera.»

Bruno Nettl
Música folclórica y tradicional de los continentes occidentales
Alianza

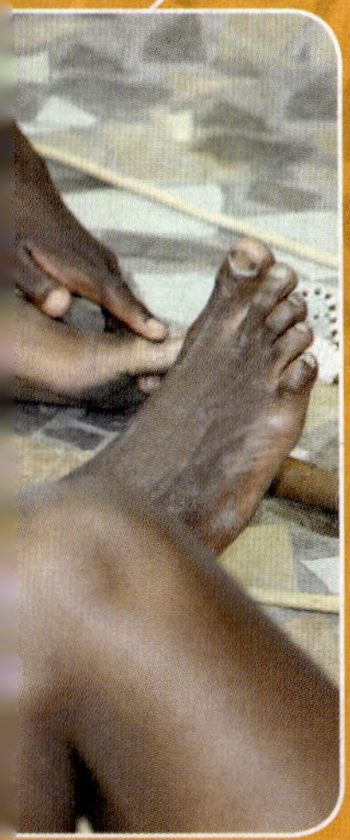

El dios Vishnú tocando la flauta en un altorrelieve indio.

Escucha los siguientes fragmentos de músicas tradicionales de distintas partes del mundo.

1. Intenta averiguar de dónde procede cada una de las piezas que has escuchado
2. ¿Qué entiendes por música folclórica? Debate en clase sobre su importancia.
3. ¿Podrías citar el nombre de un instrumento tradicional de cada continente?

1. La música tradicional

La música tradicional o música folclórica es aquella que se mantiene por **tradición oral**, es decir, que no está escrita con un lenguaje musical, sino que perdura porque la gente la aprende de oído y por medio de la memoria. Casi nunca se conoce al autor de una pieza o canción tradicional, por lo que este tipo de música suele ser **anónima.** Quien en su día la creó, no la escribió, por lo que ya no se le recuerda.

Además, la tradición oral hace que muchas de las melodías se hayan ido modificando poco a poco con el paso del tiempo. Consecuentemente, las canciones folclóricas pueden presentar muchas variantes y llega un momento en que es imposible saber cómo era la melodía original.

La música tradicional suele ser interpretada por la **mayoría de la comunidad.** En esto se diferencia casi siempre de la música culta. Una sinfonía romántica está escrita para ser interpretada por una orquesta de músicos profesionales, ya que el lenguaje empleado y los instrumentos a los que va dirigida son muy complejos y no están al alcance de cualquiera. La música tradicional, sin embargo, puede ser interpretada cantada y bailada por una mayoría de la población aunque no sean músicos profesionales. Por tanto, la música tradicional suele ser más sencilla que la música culta.

Folclore

La palabra *folclore* procede del inglés y significa, literalmente, 'conocimiento del pueblo' (*folk* = 'pueblo'; *lore* = 'conocimiento').

El término *folclore* alude a todos los conocimientos populares que se han transmitido por tradición oral: música, bailes, vestimenta, cocina, cuentos, etcétera.

Grupo de folclore serbio.

La música tradicional forma parte de la **cultura de un pueblo.** Es el pueblo el que la interpreta y la transmite. Si una obra no gusta a la gente, se deja de cantar y finalmente desaparece, por lo que las piezas que perduran lo hacen porque la gente las sigue cantando. Por ello, la música tradicional representa el gusto artístico de un pueblo.

Otra diferencia entre la música tradicional y la música culta es que, mientras que la última se asocia a menudo al mecenazgo —las obras se encargan y financian por personas e instituciones poderosas— y a las clases elitistas de las sociedades, la música tradicional no está sujeta a ningún mecenas ni está dirigida a las clases dominantes, sino todo lo contrario.

Orquesta y Coro de la Comunidad de Madrid.

1. Realiza una tabla comparativa con las características de la música popular y las características de la música culta. Puedes consultar: www.rtve.es/mediateca/audios/20091017/musica-culta-musica-popular-donde-esta-raya-tertulia17-10-09/607077.shtml
2. Tal vez alguno de tus compañeros proceda de una cultura diferente a la española. De ser así, sería interesante que le preguntaseis sobre la música de su país de origen (en qué contextos se escucha música popular, qué instrumentos tradicionales se emplean, si hay danzas asociadas a la música, etc.). Después, compara sus características con la música de tu entorno.
3. Comenta la siguiente frase sacada del texto introductorio de un cancionero popular: «Un pueblo que sabe cantar es un pueblo que no puede morir».

DOCUMENTOS PARA UNA ÉPOCA. LA MÚSICA VIVA

La música es vida

La música se escucha y se interpreta en muy diversos ámbitos en todos los puntos del planeta. Uno de los continentes en los que la música ocupa un lugar muy importante es África.

“En África, la música es la vida. Te sigue desde la infancia hasta la muerte. En las ceremonias de iniciación, por ejemplo, canciones secretas instruyen a jóvenes de sus responsabilidades adultas. Las mujeres africanas utilizan música para aliviarse de sus deberes domésticos: suelen cantar al compás del golpe de sus morteros cuando preparan su comida. [...] También los instintos agresivos se canalizan a través de la música: los zulúes organizan concursos de danzas de guerra.”

Matthew Clarke
África
Celeste Ediciones

Músicos africanos.

4. Según el texto, ¿en qué contextos se usa la música en África?

5. ¿Cuál es la finalidad de los cantos de trabajo?; ¿y de las danzas de guerra?

Música del pueblo para el pueblo

Una de las características principales de la música popular es su transmisión oral, de generación en generación. El autor del texto explica cómo este hecho resulta determinante para el propio repertorio musical.

“Decir que una cultura tiene tradición oral significa simplemente que su música (al igual que sus cuentos, proverbios, acertijos, métodos artesanales y artísticos y en realidad todo su folclore) se transmite de viva voz. Las canciones se aprenden de oído; la construcción de los instrumentos y su interpretación se aprenden por observación. En una cultura musical literaria, la música por lo general se escribe, por lo que cabe la posibilidad de que un compositor conciba una pieza que nunca llegue a interpretarse en vida del autor, pero que siglos después algún erudito la descubra y la resucite. En cambio, en una cultura folclórica o ágrafa, o incluso en una cultura evolucionada pero que carezca de notación musical, es indispensable que una generación cante, recuerde y transmita a la generación siguiente una canción. De no ser así, la canción muere y desaparece para siempre. Por esta razón, una pieza folclórica debe, de algún modo, ser representativa del gusto musical y del juicio estético de todos los que la conocen y utilizan, en vez de ser únicamente el producto de una persona, de un creador quizás aislado.”

Bruno Nettl
Música folclórica y tradicional de los continentes occidentales
Alianza

Jota asturiana.

6. Explica con tus propias palabras el significado del texto.

7. ¿Coincides con el autor del texto cuando afirma que el repertorio popular que consigue pervivir ha de ser representativo del gusto musical de una sociedad? Argumenta tu respuesta.

2. Las escalas y la textura

Los sistemas musicales empleados por las músicas folclóricas y tradicionales presentan, en ocasiones, características diferentes a las que utiliza la música clásica occidental. Vamos a ver algunas de estas características.

Escalas

Las músicas tradicionales del mundo utilizan muchos tipos de escalas diferentes.

Un ejemplo son las **escalas pentatónicas,** compuestas de cinco notas por octava. Las escalas pentatónicas pueden encontrarse en gran parte de las músicas folclóricas y no occidentales. Así, las podemos ver en la música china, en la música indígena americana, en la música de gamelán del sudeste asiático, en la música folclórica europea, etc. Aunque hay muchos tipos de escalas pentatónicas, las más habituales son las que utilizan intervalos de tercera menor y de tono. Dos tipos de escalas pentatónicas muy comunes son las siguientes:

Como ves, estas dos escalas utilizan intervalos de tono (segunda mayor) y de un tono y un semitono (tercera menor) entre sus notas.

Otro tipo de escala de la música folclórica española es la **escala andaluza.** Se llama así porque se usa en el folclore andaluz, pero se puede encontrar en canciones castellanas, gallegas, etc. La escala andaluza tiene una particularidad: dos notas (fa y sol) que pueden ser tanto naturales como sostenidas.

Textura

Una de las texturas más utilizadas en la música folclórica es la **heterofonía.** En una pieza musical heterofónica, las diversas voces que la componen siguen todas una misma línea melódica, pero con variaciones. Así, algunas voces son más ornamentadas y con valores más cortos, mientras que otras utilizan notas más largas, aunque el diseño de la melodía es más o menos similar en todas ellas. Cada voz es una variación de la misma melodía. Este tipo de textura es utilizada por muchas culturas musicales tradicionales del mundo, como la islámica, la hindú o la china.

8. Identifica dónde se encuentran los intervalos de tono y tercera menor entre las notas de las escalas pentatónicas mostradas anteriormente. Luego, toca con la flauta las escalas mostradas más arriba para hacerte una idea de cómo suenan.

53 **9.** A continuación, escucha dos fragmentos de dos temas populares. Indica cuál de ellos utiliza la escala pentatónica y cuál usa la escala andaluza.

54 **10.** Escucha un fragmento de una canción tradicional tunecina con textura heterofónica; observa, además, cómo la flauta interpreta una melodía muy similar a la de la cantante. Después de escucharla varias veces, intenta entonar la melodía principal por encima de la grabación.

Los sistemas de afinación

Muchas escalas no occidentales emplean sistemas de afinación en los que los intervalos no se corresponden exactamente con los de las escalas occidentales.

A veces, al escuchar músicas tradicionales, parece que los músicos están desafinados. Pero no lo están: tocan con un sistema de afinación diferente al que estamos acostumbrados.

Recuerda los tipos de texturas

- La textura **monódica,** que es la que utiliza, por ejemplo, el canto gregoriano.
- La textura **contrapuntística** y la textura **homofónica,** utilizadas en la polifonía renacentista.
- La textura de **melodía acompañada,** que se empieza a utilizar desde el Barroco y que sigue siendo muy habitual hoy en día en cualquier canción.

Simón Díaz.

3. El ritmo

Las músicas tradicionales utilizan una gran variedad de ritmos. En ocasiones, podemos encontrar incluso **compases irregulares**, es decir, compases que no son ni binarios, ni ternarios, ni cuaternarios como los de la música a la que estamos más habituados. Podemos encontrar compases quinarios (con ritmo de a cinco) o con otras combinaciones irregulares. **Observa** la partitura de La vaca mariposa, de Simón Díaz.

La música africana utiliza muy a menudo un recurso rítmico llamado **polirritmia.** La polirritmia es la superposición de varios diseños rítmicos diferentes en una composición musical. Como hemos dicho, este recurso es especialmente utilizado en la música africana, donde los instrumentos de percusión son los más usados.

En la música polirrítmica se suelen utilizar muchas síncopas y, por supuesto, la superposición de diferentes acentos.

55 **11.** Escucha La vaca mariposa, canción popular venezolana. Presta atención al ritmo irregular de cinco corcheas por compás e intenta seguir la audición marcando el primer pulso de cada compás con la mano.

56 **12.** Ahora escucha una polirritmia africana. Intenta seguir el pulso y determina si se utiliza un compás binario o ternario.

4. La música en Asia

Asia es un continente enorme con una gran variedad de culturas, religiones, lenguas, razas y, por supuesto, de músicas diferentes entre sí.

Intérprete japonesa tocando el koto.

El Lejano Oriente: China y Japón

La música de estos países concede importancia a la **melodía.** Emplea frecuentemente una textura heterofónica y un sistema musical de escalas pentatónicas.

Se utilizan todo tipo de instrumentos, entre los que cabe destacar el **koto** y el **shamishen** (instrumentos de cuerda pulsada) en Japón; el **pi-pa** (especie de laúd) y el **sheng** (pequeño órgano que se toca con la boca) en China.

Conjunto de sitar y tabla.

La India

En la India hay una importante y antigua tradición musical. Las escalas o modos musicales de la India se llaman **ragas,** y se utilizan unas cincuenta diferentes. Los distintos patrones rítmicos que usan se llaman **talas.**

Los instrumentos más importantes en la India son los de **cuerda.** Entre todos ellos destaca el **sitar,** una especie de laúd con muchas cuerdas que resuenan constantemente, por lo que el sonido que produce es envolvente y muy particular. Normalmente las melodías del sitar se acompañan con un instrumento de percusión llamado **tabla:** una especie de tambor doble que va marcando los complejos patrones rítmicos de la música hindú.

Detalle de un gamelán.

El sudeste asiático

En las islas de Java y Bali del sudeste asiático existe un tipo de agrupación musical muy particular: el **gamelán.** Un gamelán es una gran orquesta de músicos que tocan fundamentalmente instrumentos de percusión metálicos como gongs, campanas y todo tipo de metalófonos. A estos instrumentos también se unen tambores y, a veces, una flauta, un instrumento de cuerda o un cantante. Finalmente, la música de gamelán utiliza escalas pentatónicas.

57 **13.** Escucha la canción popular japonesa *Sakura*. En ella se utiliza un tipo de escala pentatónica un poco particular. Identifica todas las notas diferentes que se utilizan en la octava do – do. ¿Cuáles son los intervalos que aparecen entre notas consecutivas de la escala pentatónica utilizada en esta canción?

58 **14.** Escucha la pieza tradicional india e identifica los instrumentos que suenan.

59 **15.** Escucha este gamelán y fíjate en el timbre metálico de los instrumentos.

La **mbira** es un instrumento muy particular que consta de varias placas metálicas que se pulsan con los pulgares.

5. La música en África subsahariana

La música africana está estrechamente unida a las costumbres de su sociedad y, a menudo, va acompañada de danza y movimiento. Podemos encontrarla ligada a celebraciones religiosas, a actos sociales (nacimientos, bodas, etc.), al trabajo e, incluso, a la caza.

En la música africana subsahariana el elemento más importante es el ritmo, que alcanza una riqueza y una complejidad notables. Para crear las complejas polirritmias africanas, se utilizan innumerables instrumentos de percusión como tambores, sonajas, maracas, xilófonos de todo tipo, etc. El **djembé** es un tambor alargado fabricado en madera que se toca colgado del cuerpo.

Además, un recurso muy utilizado en la música africana es el **canto responsorial.** Recibe este nombre porque, al alternarse un solista con toda la comunidad, parece como si la comunidad le respondiese.

Interpretad la canción responsorial de Ghana ***Che che kulé,*** cantándola y haciendo la coreografía que se explica a continuación. Tenéis que escoger a un solista, que será el que cante primero cada compás haciendo los movimientos que le corresponden. Después, todos le contestaréis repitiendo el compás y los movimientos.

Interpretad la canción cantándola y haciendo la coreografía que se explica a continuación:

Che che kulé → *Tócate la cabeza con las manos.*
Che che kofisa → *Cruza las manos tocándote los hombros.*
Kofisa langa → *Pon las manos en la cintura.*
Kata shilanga → *Pon las manos en las rodillas.*
Kumadende → *Tócate los tobillos con las manos.*
Cok → *Da un salto.*

16. Inventa otra coreografía y otra letra para esta canción en la que el solista vaya haciendo gestos, que repetirán después todos los demás.

La segunda canción, ***Obwisana sana,*** también es responsorial. Interpretadla cantándola o tocándola con la flauta. Unas veces tocaréis todos y, otras veces, únicamente el solista.

17. Crea e interpreta un acompañamiento polirrítmico sencillo con los instrumentos del aula. Identifica todas las notas diferentes que aparecen en esta canción y determina qué escala se está utilizando.

6. La música en el mundo islámico

Existe una cultura musical panislámica que podemos encontrar en gran parte del mundo islámico. Esta cultura abarca todo el norte de África, Turquía y la zona de Oriente Medio. En toda esta zona encontramos elementos musicales e instrumentos comunes.

La música islámica concede mucha importancia al canto, y las piezas siempre son **poesías con música.**

La textura musical más característica de esta música es la heterofónica. En la música islámica son especialmente importantes los instrumentos de cuerda, que casi siempre acompañan al canto. Los dos principales instrumentos de cuerda son el **laúd** y el **rabel.** Otros instrumentos importantes en la música islámica son los panderos y los tambores. Entre los instrumentos de viento destacan la **zukra**, especie de gaita que se hace con piel de un cordero; la **zurna**, instrumento de caña doble parecido al oboe; y las flautas hechas de caña, llamadas **gasba** o **ney.**

El **laúd** islámico (llamado *ud* en árabe) es un instrumento de cuerda sin trastes que se pulsa con la yema de los dedos. Se toca de una forma parecida a nuestra guitarra.

El **rabel** (llamado *rabab* en el norte de África) tiene una o dos cuerdas que se frotan con un pequeño arco. Para tocarlo se coloca verticalmente sobre el regazo, sujetándolo con la mano izquierda y agarrando el arco con la derecha.

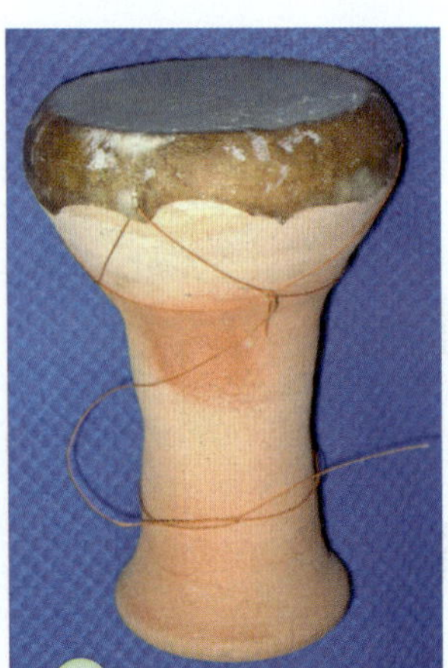

El **darbuka** es un tambor hecho normalmente de barro cocido.

Interpretad la canción turca ***Daglar gibi dalgalari*** con la flauta, las palmas y un pandero. Observa el ritmo irregular de siete corcheas por compás.

Interpretad la canción ***Kululi janaas,*** tradicional de Marruecos.

7. La música en América

Músico peruano tocando una quena.

La música tradicional de los pueblos americanos presenta la influencia de tres culturas fundamentales: la autóctona americana de los pueblos precolombinos, la europea procedente de la colonización a partir de la llegada de Colón y la africana procedente del comercio de esclavos africanos que llegaron a América. Estas tres culturas se han mezclado de diferente manera en las distintas partes del continente americano y han dado lugar a diferentes músicas tradicionales.

Donde la cultura autóctona ha sido más fuerte (como en los países andinos), los instrumentos más populares han sido los de viento, como la **quena** o la flauta de pan. En aquellos lugares donde la influencia africana es más evidente (el Caribe o Brasil, por ejemplo) han triunfado los instrumentos de percusión, es decir, todo tipo de tambores, maracas, el güiro cubano, etc. La influencia europea ha contribuido al mestizaje musical americano, sobre todo en la utilización de los instrumentos de cuerda pulsada: el charango, el banjo, el cuatro, la guitarra, etcétera.

Interpreta, cantando o tocando con la flauta, la canción popular latinoamericana. Identifica todas las notas utilizadas en esta canción ***La flor de la cantuta,*** tradicional de Chile, y determina qué tipo de escala utiliza.

Interpreta la canción popular infantil ***Samba lelé,*** de Brasil. Inventa un acompañamiento rítmico sencillo para esta canción.

8. La música en Europa

El cantaor Pedro Peralta en plena actuación.

La música tradicional europea es tan rica y variada como lo son sus culturas, lenguas y costumbres. Como ejemplo, podemos destacar el **fado**, canto melancólico típico de Portugal; el **flamenco** en España; las **danzas** y **canciones celtas** en Irlanda, Escocia, Bretaña y el norte de la península Ibérica; las dulces melodías de las regiones bañadas por el Mediterráneo o la virtuosística y vertiginosa música de los países del este de Europa.

En Europa, se utiliza multitud de instrumentos tradicionales como la guitarra, la dulzaina, la flauta de tres agujeros y el tamboril, gaitas de diferente tipo según la región, la trompa alpina, el acordeón, la balalaica o la mandolina. El folclore europeo utiliza también muchos instrumentos de la música culta, como violines, contrabajos, clarinetes y flautas.

Interpreta con la flauta un **zorongo,** canto y danza típicos de Andalucía. Identifica todas las notas diferentes que aparecen y determina qué escala se está utilizando. ¿Por qué el sol a veces es natural y otras veces es sostenido?

60

Interpreta con la flauta, sobre el bajo armónico de la grabación, la canción tradicional irlandesa *The Star of the County Down*. A continuación, cántala. Identifica todas las notas diferentes que aparecen y determina qué escala se está utilizando.

Creación en red: composición de una canción pentatónica

Béla Bartók grababa canciones populares a los campesinos húngaros y checos con un gramófono. Muchas de estas canciones utilizaban la escala pentatónica, muy utilizada también por el compositor húngaro.

Grupos de rock como AC DC han utilizado con frecuencia la escala pentatónica en sus canciones.

Vamos a componer con **Noteflight** una canción pentatónica. Para ello, seguiremos unos sencillos pasos:

1. En primer lugar, elegimos una de las escalas pentatónicas que hemos estudiado.

2. Utiliza las notas de esta escala combinándolas como quieras. El compás que utilizaremos será tres por cuatro.
3. Abre el programa y comienza a preparar la partitura: borra uno de los pentagramas, cambia el compás a tres por cuatro y añade compases hasta que tengas dieciséis.
4. Ahora comienza a componer tu canción. Si no estás muy inspirado, te proponemos unos compases de arranque para que continúes...

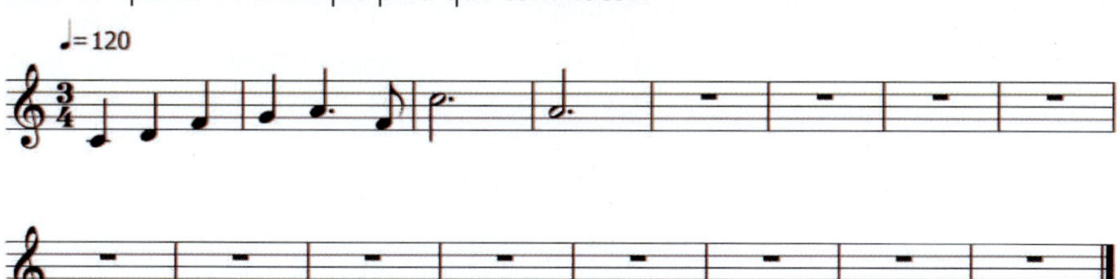

5. Selecciona el instrumento que desees y escucha tu composición. Recuerda que primero debes seleccionar el pentagrama; a continuación, selecciona en el menú principal **Score** y, después, **Change Instrument.**
6. Inventa una letra para la canción y edítala en la partitura. Para esto selecciona en el menú principal **Score,** después **Text** y, por último, **Lyrics.** Debajo de cada nota aparece el cursor para que escribas. Para moverte de una nota a otra utiliza el espacio («fin de palabra») o el guion («separación de sílabas de una palabra»).

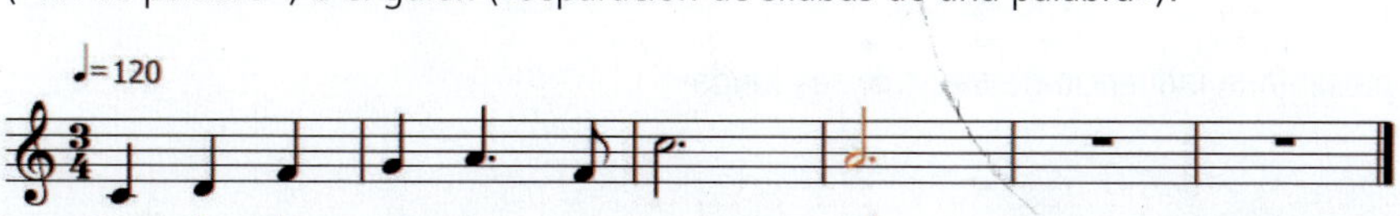

7. Por último, imprime tu canción. Para ello, selecciona en el menú principal **File** y, luego, **Print.**

ACTIVIDADES

1. Completa en tu cuaderno el siguiente mapa conceptual:

MÚSICA TRADICIONAL

Accesible.
Anónima.
Transmisión .....
Escalas de todo tipo, como la ..... y la andaluza.
La textura ..... es frecuente.
Ritmo: utilización de compases irregulares y .....

ASIA

Lejano Oriente
Importancia de la melodía.
Instrumentos .....

India
Multitud de escalas (ragas) y patrones rítmicos (talas).
Instrumentos: .....

Sudeste asiático
Orquesta de percusión llamada .....

ÁFRICA SUBSAHARIANA

Música muy ligada a la danza.
Elemento importante: el ritmo.
Canto responsorial.
Instrumentos: .....

MUNDO ISLÁMICO

Importancia del canto.
Textura heterofónica.
Instrumentos: .....

AMÉRICA

Influencias de tres culturas: .....
Instrumentos: .....

EUROPA

Folclore muy variado.
En **Portugal,** se canta el .....
En ....., se interpretan canciones celtas.
Instrumentos: .....

2. Relaciona estas características de los estilos folclóricos con la zona del mundo a la que corresponden.

a) El elemento más importante es el ritmo.
b) Hay una gran variedad estilística: fado, flamenco, música celta, etcétera.
c) Las piezas siempre son poesías con música.
d) Le concede gran importancia a la melodía y emplea un sistema tonal de escalas pentatónicas.
e) La música tradicional de este continente presenta la influencia de tres culturas fundamentales.

ACTIVIDADES

3. Realiza en tu cuaderno una ficha con las características principales de los siguientes instrumentos. La ficha deberá indicar los siguientes datos: a) Lugar de procedencia; b) Familia instrumental; c) Materiales; d) Contextos en que se utiliza.

- Didjeridoo.
- Mandolina.
- Darbuka.
- Flauta de tres agujeros.
- Ocarina.
- Banjo.
- Tabla.
- Zukra.

4. Investiga en la web *Museo Virtual. Instrumentos musicales en los museos de Urueña*, de la Fundación Joaquín Díaz: http://www.funjdiaz.net/museo

En esta web encontrarás toda la información sobre estos y otros muchos instrumentos musicales. Además, dispone de un amplio archivo sonoro para escuchar el timbre de cada uno de los instrumentos.

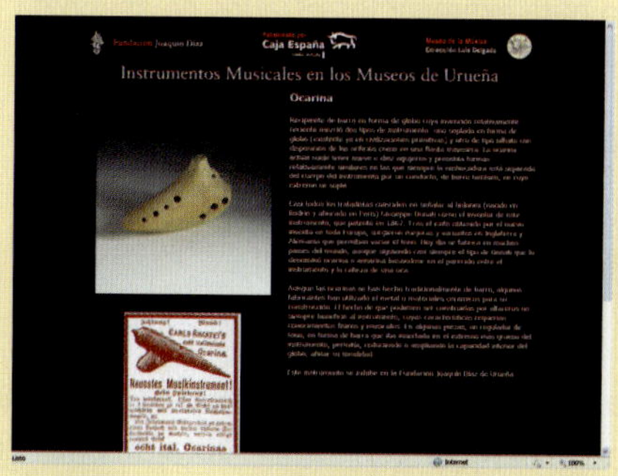

5. Crea un acompañamiento heterofónico en tu cuaderno para la siguiente melodía. Recuerda que debes componer una melodía muy parecida a la original con ligeras modificaciones. Después, con ayuda de un compañero, interpretadlas con la flauta.

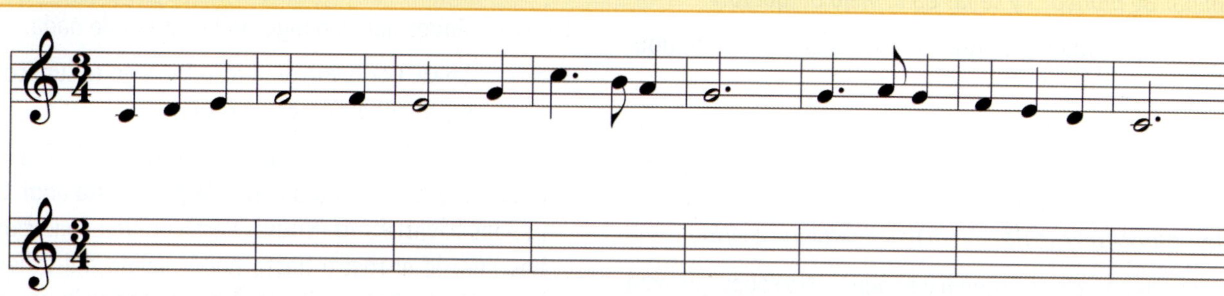

6. Crea una polirritmia semejante a la que aparece a la derecha. Interprétala en clase con ayuda de tus compañeros.

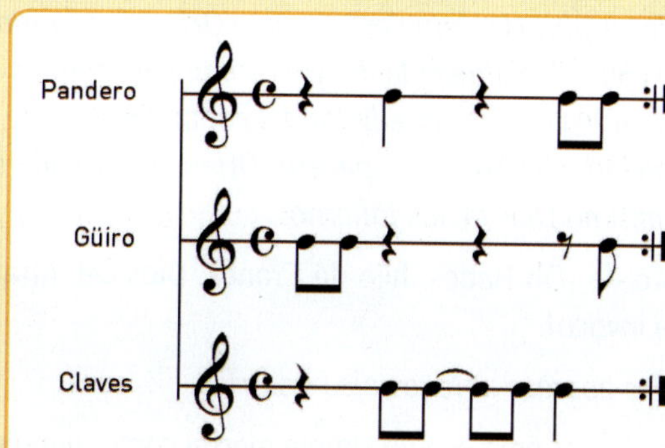

TALLER DE CREACIÓN III

Produciendo un musical

El musical es un **género escénico** que combina teatro, música y danza. Se articula a través de canciones, diálogos hablados y números bailados. Siguiendo los pasos expuestos a continuación, vais a crear trabajando en grupo vuestro propio musical y lo vais a representar en clase.

La barca de Caronte, de José Benlliure (1919). Museo de Bellas Artes de Valencia.

La gestación del musical. Paso 1

Escribid el argumento del musical en forma de obra teatral, en un solo acto. Podéis inventar una historia o adaptar alguna obra literaria breve que os guste.

A continuación, determinad cuántos **números musicales** vais a incluir y cuál va a ser la sucesión de diálogos y canciones. En este ejemplo hemos incluido tres canciones, una de ellas coreografiada. Tened en cuenta que en el género musical la acción avanza mediante los **diálogos** mientras que las **canciones** sirven para expresar los estados de ánimo de los personajes.

Como ejemplo hemos elegido una historia que ya conocéis, el mito de Orfeo, con el título ***Orfeo en los Infiernos.***

Orfeo en los Infiernos

“*El poeta músico Orfeo llega al Infierno en la barca de Caronte. El joven toca su lira para mantener hechizado al barquero.*

ORFEO.— ¡Oh Dioses del Olimpo! Ayudadme a encontrar a mi amada esposa Eurídice.

CARONTE.— Hemos llegado. Ahora debes continuar tú solo.

ORFEO.— ¡Gracias, Caronte, hijo de la noche! *(Saca de su bolsillo un par de monedas y se las da al viejo barquero.)*

CARONTE.— Ten cuidado. Ningún hombre vivo ha entrado aquí antes.

Orfeo camina por el Infierno. Se oyen voces, lamentos, gritos de desesperación. Orfeo comienza a cantar. En la canción habla de las virtudes de su esposa y de lo enamorado que está de ella. De repente, aparece un espíritu infernal que se dirige a Orfeo.

ESPÍRITU INFERNAL.— Eh, tú, ¿qué haces aquí? ¿No sabes que está prohibida la entrada a los vivos? ¡Has de morir de inmediato!

Varios espíritus infernales atacan a Orfeo con su tridente, pero este comienza a tocar la lira y a cantar. Los espíritus comienzan a bailar hechizados alrededor del poeta. Finalmente, el Espíritu se aleja bailando y desaparece. Orfeo se arrodilla e invoca al mismísimo Dios de los Infiernos.

ORFEO.— ¡Oh Hades, hijo de Cronos, Dios del inframundo, yo te invoco!

Hades aparece ante los ojos de Orfeo.

HADES.— ¿Cómo osa un simple mortal como tú molestarme en mi propia morada?

ORFEO.— Se trata de mi esposa Eurídice. Murió por la mordedura de una serpiente. No puedo vivir sin ella. Por favor, devuélvemela.

HADES.— Eres valiente, joven Orfeo, pero no puedo concederte ese deseo. Nadie jamás ha salido del mundo de los muertos. No puedes luchar contra el destino.

ORFEO.— Sí que puedo. Con mi lira soy capaz de todo.

HADES.— Sabes que conmigo no te servirá de nada.

ORFEO.— Lo sé. Por favor, generoso Dios, yo te suplico. Apiádate de mí y de mi desgraciada esposa.

HADES.— *(Después de dudar unos segundos.)* Debes de amar mucho a esa mujer para haber llegado hasta aquí. Está bien, puedes llevarte a tu esposa. Pero con una condición: no debes mirarle el rostro hasta haber salido del Infierno. Si lo haces se quedará aquí para siempre y no volverás a verla.

ORFEO.— De acuerdo. Muchas gracias, venerable Hades.

Con un chasquido de dedos, Hades hace aparecer a Eurídice. Orfeo agarra fuertemente su mano sin mirarla a la cara y emprenden el regreso hacia el mundo de los vivos.

EURÍDICE.— Amado Orfeo. ¡Cuánto te he echado de menos! *(Orfeo no contesta.)* ¿Por qué no me hablas? ¿Qué ocurre, esposo mío?

Eurídice empieza a cantar. Orfeo no puede aguantar más. Gira su cabeza y mira a su esposa. En ese momento una fuerza sobrenatural arrastra a Eurídice hacia los Infiernos. Orfeo no puede hacer nada por retenerla y grita desesperadamente.”

La composición de la letra y la música. Paso 2

Componed la letra y la música para las canciones. Podéis utilizar las melodías compuestas y arregladas en los talleres de creación I y II. Inventad melodías simples y simétricas. También podéis adaptar alguna obra musical preexistente si lo consideráis necesario. Emplead los instrumentos del aula para acompañar a las voces.

Observa la siguiente partitura. Se trata de la última canción del musical que hemos presentado como ejemplo. La interpreta Eurídice.

La coreografía y el decorado. Paso 3

Inventad una coreografía para uno de los números musicales. En el musical que estamos presentando, habría un número danzado por los espíritus infernales, cuando es hechizado por Orfeo.

Esbozad el decorado que vais a utilizar en el musical y realizadlo utilizando papel continuo, pinturas, tijeras, papeles de color, etcétera.

Pensad también en el **atrezzo,** es decir, en los elementos decorativos que aparecen en escena (sillas, mesa, perchero, biombo, etc.). Para el musical que hemos elegido como ejemplo hemos de recrear el Infierno. Para ello utilizaremos colores rojos y negros sobre el papel continuo. Como atrezzo necesitaríamos fabricar la barca de Caronte, la lira de Orfeo (se podrían hacer con cartón), un tridente para el espíritu infernal y un báculo para Hades.

Hades (Copia romana de una estatua del siglo v a. C.). Palazzo Altemps, Roma.

Determinad otros aspectos de la puesta en escena: **vestuario, maquillaje, efectos de iluminación, de sonido.** Muchos efectos de sonido pueden hacerse con instrumentos musicales: el timbre de una puerta con el carrillón, las campanas de una iglesia con el metalófono, un portazo con el pandero, etc. Para el musical *Orfeo en los Infiernos* utilizaríamos como vestuario túnicas, cintos, una corona de laurel para Orfeo y una barba postiza para Caronte y para Hades. El espíritu infernal y Hades podrían estar maquillados con colores rojos. Si disponéis de focos de color la obra quedaría muy bien iluminada en tonos que enfaticen los colores del decorado. En este caso, el rojo.

Si quieres darle un **aire cómico** al musical, esta imagen de Hades puede resultar idónea.

El reparto. Paso 4

Distribuid las funciones y los papeles de cada uno de los miembros de vuestro grupo en la elaboración y representación del musical. Realizad varios ensayos antes de representarlo ante vuestros compañeros.

POSICIONES DE LA FLAUTA

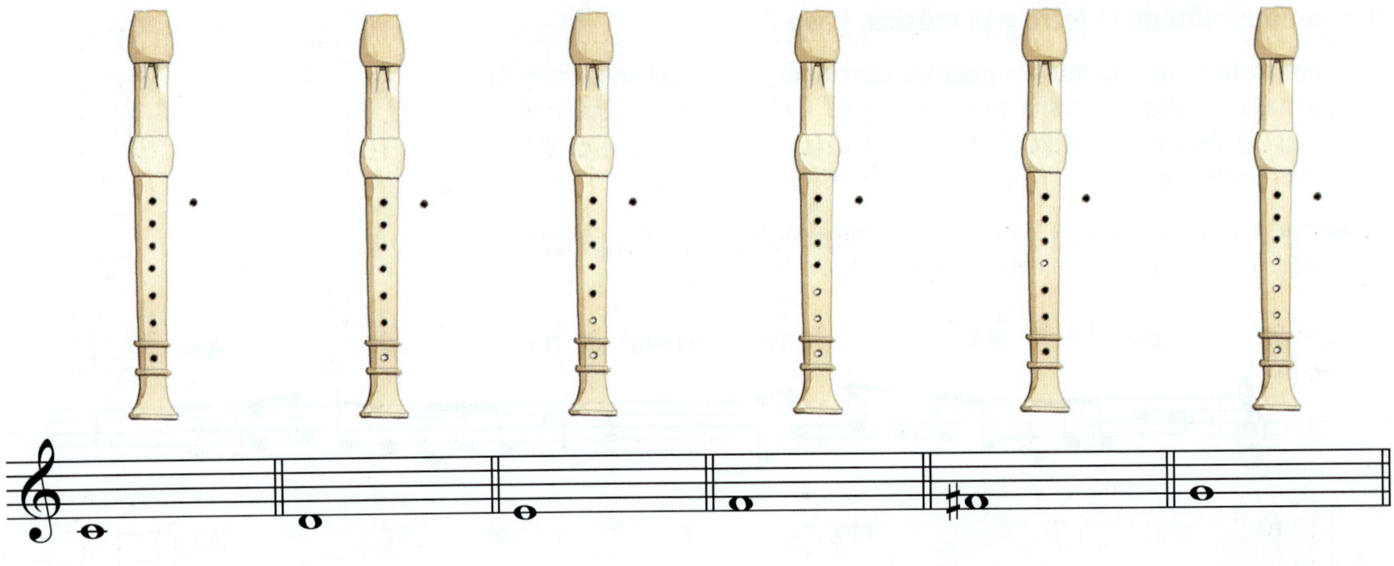

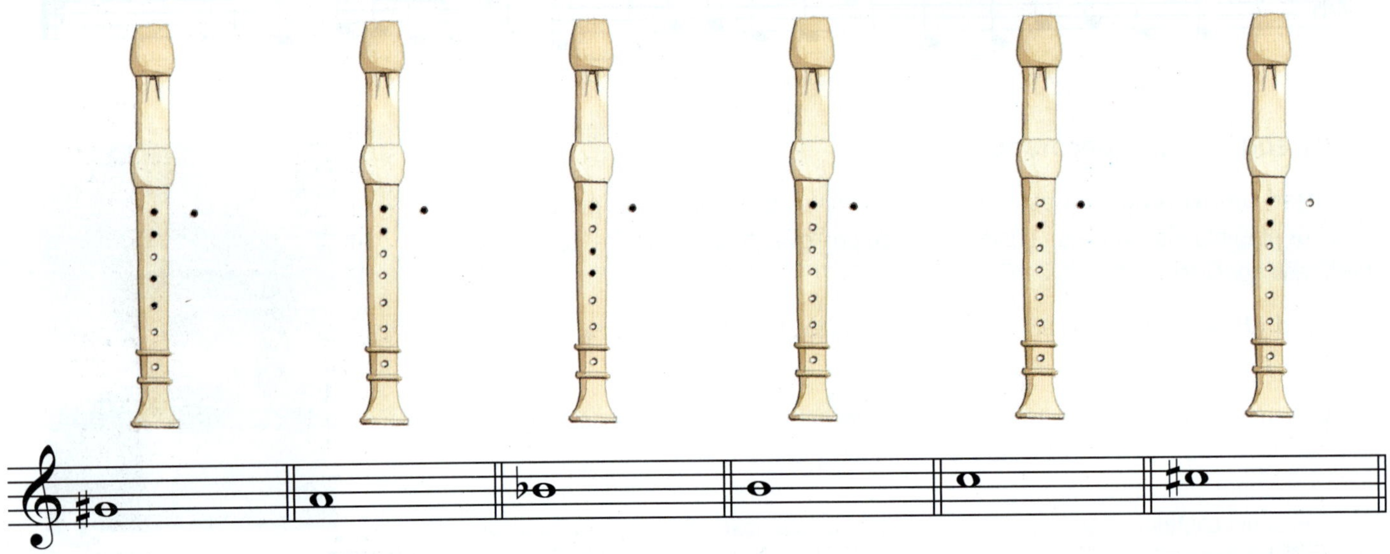

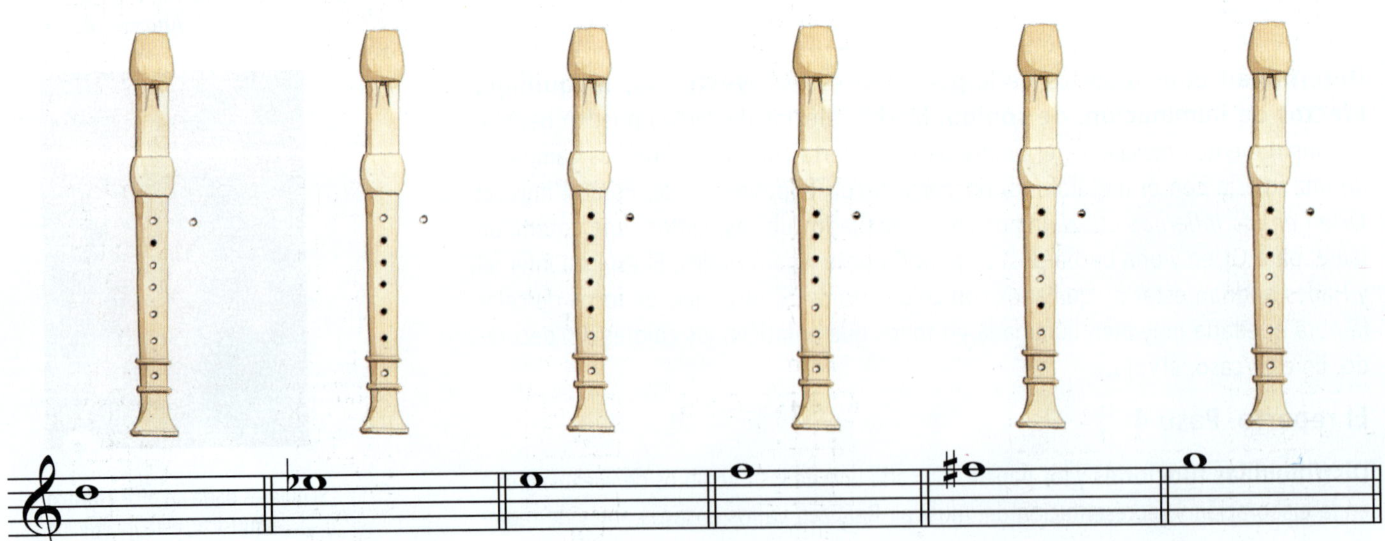

ACORDES DE GUITARRA

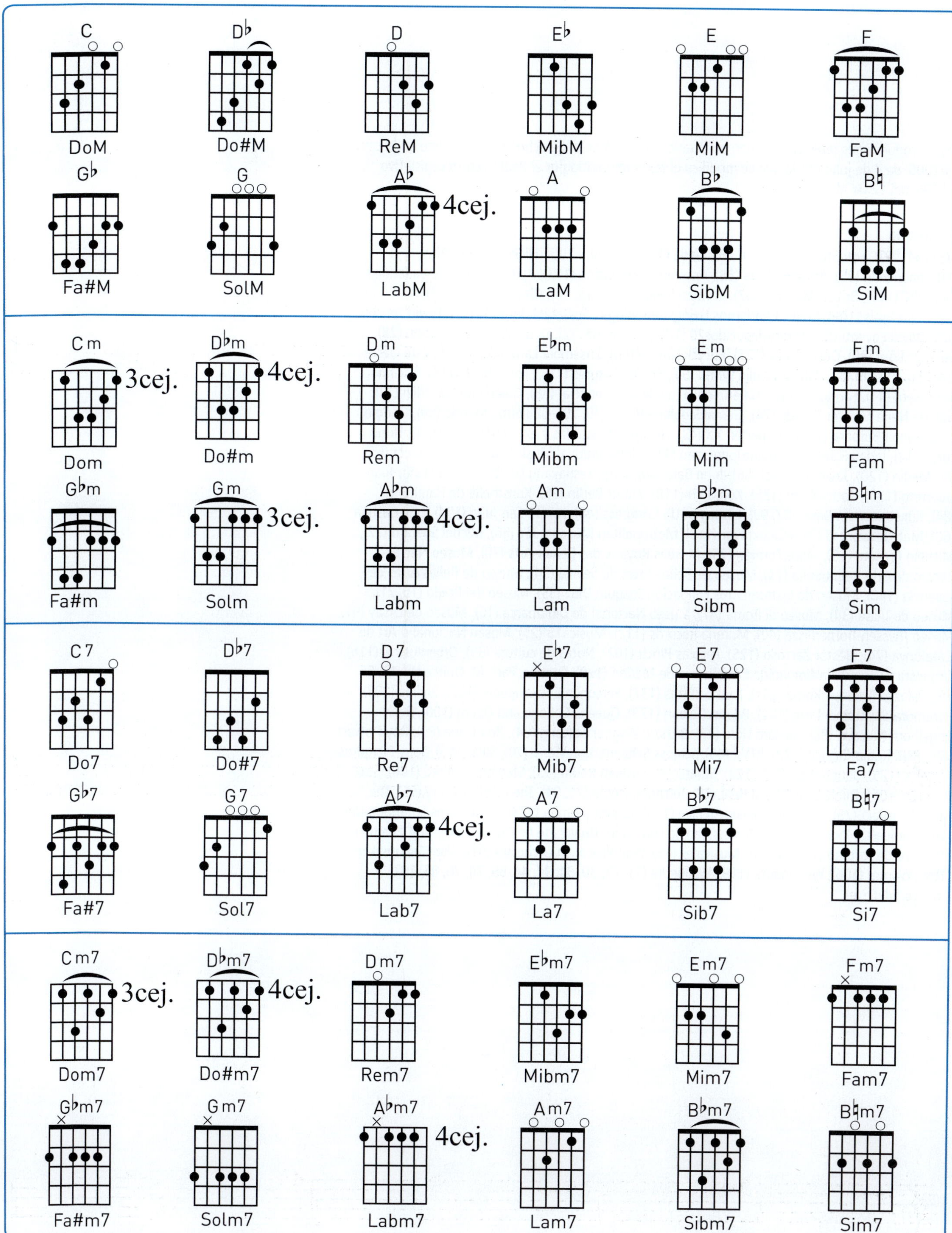

Fotografía

AG (134), AGE FotoStock, Aisa, Alan Crosland (118, 137), Alfie 2001 Flickr (25, 56), Alte Nationalgalerie (85), Antonio Bofia (88), Answers Corporation (112), Ayuntamiento de Valladolid (56), BBC (109), British Museum (57), Carmen Sánchez (11, 13, 15), Claudia Weber (92), ComposerTools (109), Cover, Cuadernos Livingstone Blog (26), Daniel del Valle (51), David Jonson (73), David Leventi (57), Dancadepoisdos20 (101), Decca (65, 72), Deutsche Grammophon (28), De-Yave.Kom (45), Doce Notas (123), Encyclospace (100), Ensemble La Danserye (32), Este Oeste (14), Expertissim (83), Fiddle&Violin World (60), Focus Features (115), Fotos Buzz (116), Florindo Baldissera (44), Formula 8 (37), Galería de la Academia (Venecia) (56), Galería de los Uffizi (17), Galerie Neue Meister Dresde (74), Gemaldegalerie Viena (19, 79), Guillermo Mendo (88), Google (26), Hanna Barbera (117), Hespérion XX (43), Historias bastardas y extraordinarias (121), Hugo Lara (114), Index Fototeca, IndianaJones.com (116), International Music Score Libray Project (65), IPC Media (120), Javier del Real (86), John Bale (40), Jorge Yeshayahu Gonzales-Lara (135), Juan Guerrero (136), Kathy Kahn (125), Korea YH (118), Kultur Berlin (95), Kunsthalle de Hamburgo (84), Kunstmuseum Basel (87, 93), Library of US Congress (48), Loreto San Juan (134), Luis Castilla (60), MattNetwork (122), +Cinexfavor (118), Metropolitan Museum NY (56), Michel Soëtard (72), Michele Crosera (68), Milos Forman (75), Musées Royaux des Beaux-Arts (70), Museo Nacional Centro de Arte Reina Sofía (74), Museo de Bellas Artes de Sevilla (54), Museo de Bellas Artes de Valencia (140), Museo de Instrumentos Fundación Joaquín Díaz (35), Museo del Prado (15, 21), Museo de Tessé (34), Museo di Roma (47), Museo Nacional de Dinamarca (16), Museo de Orsay (91), Museo Thyssen-Bornemisza (40), Murena Records (112), Música13 (25), Museu Nacional d'Art de Catalunya (74), Néstor Zarzoso (125), Nicolas Pioch (102), Notas de cultura (33), Orbemusical (116), Orquesta y Coro de la Comunidad Autónoma de Madrid (128), Oronoz, Paco M. Quirce (11,12, 56, 59), Palazzo Altemps Roma (141), Paul Griffiths (137), Personen Encyclopedie (103), Philips (108), Poramoralahistoriadelarte (101), Prleon Galeon (123), Queens College and Opera (100), Reiss-Engelhorn Museen (86), Richard Hole (73), Richard Wagner Stiftung (84), Rod Lowe (89), Roy Howart (89), RNE Radio Clásica (123), RTVE (46), Schloss Schoenbrunn Viena (70), SIPS (115), Sony Pictgures Classics (125), Soundation (109, 122), Staatliche Museum Berlin (93), Starchris Limited (100), Stax Records (105), Thinkstock, Teatro Real (79), Territorioscuola (21, 54), The British Library (55), The Mozart Project (79), The Sheet Music Archive (123), Tununtunumba (123), Turner Sims Southampton (107), Universal Pictures (117), Universidad de Utah (65), Université de Québec (86), UNT Percussion (109), Verde Tortuga (104), Videos Musicales (18), Walt Procanyn Orchestra (91), Ward Schumaker (109), Warner (106), Webonauta (119), Wikipedia (11, 27, 30, 34, 37, 44, 69, 70, 76, 85, 102), y Archivo Edelvives.